Meurtre à n'importe quel degré

Owen Johnson

Writat

Cette édition parue en 2024

ISBN : 9789359941066

Publié par
Writat
email : info@writat.com

Contenu

je

Un dimanche de mars, ils s'étaient retrouvés abandonnés au club, Steingall le peintre et Quinny l'illustratrice, et, après avoir déjeuné tard, s'étaient ennuyés séparément jusqu'à leurs limites à lire les périodiques jusqu'à ce que, préférant s'ennuyer l'un l'autre, ils gravitent ensemble dans des moments faciles. fauteuils devant la grande cheminée Renaissance.

Steinall , enfoncé dans son col, derrière ses lunettes à monture noire qui, avec leur ruban noir, donnait une touche d'élégance continentale à sa barbe coupée et à ses moustaches de colonel, regardait sans enthousiasme les trois bûches de mammouth, où s'élevaient occasionnellement de minuscules flammes. donnait une illusion de chaleur.

Quinny, aussi décharné qu'un frère militant du Moyen Âge, conscient de la rêverie protectrice de Steingal , parlait par périodes décousues, se posant des questions et fournissant des réponses, réservant ses épigrammes à un public plus large.

À trois heures, De Gollyer entra après une lourde représentation sociale, haussant les sourcils en guise de salutation tandis que d'autres lèvent leur chapeau, et traînant légèrement une jambe en arrière. C'était un critique américain qui s'occupait activement de découvrir les talents des génies méconnus des provinces européennes. Lorsqu'on lui reprochait son enthousiasme migratoire, il répondait, avec ce clic militaire vif et raidissant avec lequel il délivrait toujours ses *bons mots* :

"Mon garçon, je ne critique jamais l'art américain. Je ne peux pas me le permettre. J'ai trop d'amis charmants."

A quatre heures, heure d'entrée de ceux qui s'échappent de chez eux pour se jeter sur le sanctuaire du club, Rankin, l'architecte, arriva avec Stibo , le peintre à la mode des femmes du monde, qui amena avec lui l'atmosphère d'un savon agréable et d'une langueur exclusive et souriante. Un instant plus tard, une voix se fit entendre dans l'antichambre disant :

"Si quelqu'un téléphone, je ne suis pas dans le club, personne du tout. Vous entendez ?"

Puis Towsey, le décorateur, apparut dans les boîtes aux lettres avec des guêtres, des carreaux militants, un col haut et un tour de cou qui, aspirant à ses oreilles, lui donnaient l'apparence de quelqu'un qui s'était débarrassé de ses vêtements pour la troisième et dernière fois. . Il s'avança, fronça les sourcils en regardant le groupe, fronça les sourcils face aux distractions négatives de la salle de lecture, et finit par se traîner sur sa chaise au moment même où Quinny disait :

"C'est bizarre, tu l'as déjà remarqué ? Deux artistes s'assoient ensemble, chacun commence à parler de ce qu'il fait, pour éviter de complimenter l'autre, naturellement. Dès que le troisième arrive, ils commencent à en découper un autre ; la seule chose sur laquelle ils peuvent s'entendre, Vous voyez ? Dès que vous réunissez quatre espèces ou plus, la conversation tourne toujours autour du mariage. Avez-vous déjà remarqué cela, hein ?

" Mon cher, " dit De Gollyer , du point de vue intolérant d'un célibataire, " c'est parce que le mariage est votre seule affliction commune. Les artistes, les musiciens, tous les ordres inférieurs de l'intellect, se marient. Ils le doivent. Ils peuvent. C'est la seule chose à laquelle on ne peut pas résister. On commence quand on est pauvre pour économiser les frais d'un domestique, et on continue quand on réussit à avoir quelqu'un pour vous faire travailler. Vous appartenez psychologiquement aux classes intellectuellement dépendantes, à la famille des vignes accrochées, aux parasites masculins ; et comme vous ne pouvez pas vous empêcher d'être marié, vous le maudissez toujours, en le tenant pour responsable de tous vos échecs.

À ce discours caractéristique, les cinq artistes se décalèrent légèrement et regardèrent De Gollyer par-dessus leurs moustaches avec un appétit persistant, un peu comme un groupe de terriers respecte le chat de la famille.

"Mes chers amis, parlant en critique", continua De Gollyer , agréablement conscient de l'antagonisme qu'il avait fait exploser, "vous restez des enfants qui ont peur du noir, qui ont peur d'être seuls. La solitude vous fait peur. Il vous manque la qualité de l'autosuffisance. c'est la caractéristique des facultés critiques supérieures. On se marie parce qu'on a besoin d'une nourrice.

Il s'arrêta, pleinement satisfait de la perspective d'avoir provoqué une querelle, leva le pouce et l'index en boucle avec précaution, commanda un trait de sherry et fit un clin d'œil à travers le groupe à Tommers , qui écoutait son journal depuis la salle de lecture.

"De Gollyer , vous n'êtes qu'un 'who's who' de l'art", a déclaré Quinny, avec cependant une gratitude affamée pour un sujet offrant de telles possibilités. "Vous ne comprenez rien à la psychologie. Un artiste est une personnalité multiple ; à chaque tableau qu'il peint, il cherche une nouvelle inspiration. Qu'est-ce que l'inspiration ?"

"Ah, c'est là le point : l'inspiration", dit Steinall en se réveillant.

« L'inspiration », dit Quinny, éliminant Steinall de ses réserves avec le geste d'écarter une mouche, « l'inspiration n'est qu'une forme d'hypnose, sous le charme de laquelle un homme est capable de s'élever hors de lui-même, comme un cheval. , sous une tension extraordinaire, exerce une force musculaire bien au-delà de sa force accréditée. La race des génies, petits et grands, recherche constamment cette force extérieure pour les hypnotiser dans un effort intellectuel suprême. Le talent ne comprend pas un tel processus, il est mécanique. , invariable, haché, jour après jour. Or, ce que vous appelez l'inspiration peut être communiqué de plusieurs manières : par le spectacle d'une foule, par un panorama de la nature, par des contrastes de points de vue soudains et violents ; surtout, comme excitation continuelle, elle vient de cet état de folie mentale que produit l'amour.

"Hein?" dit Stibo .

"Tout ce qui produit une obsession mentale, *une idée fixe* , est une forme de folie", dit rapidement Quinny. "Une personne amoureuse ne voit qu'un seul visage, n'entend qu'une seule voix ; à la base du cerveau, une seule pensée tambourine constamment. Physiquement, une telle condition est un narcotique ; mentalement, c'est une forme de folie qui, dans l'état bienfaisant, est puissamment puissante. hypnotique."

A ce démêlage adroit d'une idée compliquée, Rankin, qui, comme le juré professionnel, hochait la tête en accord avec chaque orateur et se laissait convaincre par les plus violents, regardait Quinny avec une adoration absolue.

"Nous parlions de femme", dit Towsey d'un ton bourru, qui prononçait le sexe avec un son saccadé particulier.

"Cette petite introduction ABC", dit aimablement Quinny, "est nécessaire pour comprendre le rapport qu'une femme entretient avec l'artiste. Ce n'est pas la femme qu'il recherche, mais l'influence hypnotique que la femme peut exercer sur ses facultés si elle en est capable." pour lui inspirer une passion."

"C'est précisément pour cela qu'il se marie", a déclaré De Gollyer .

"Précisément", dit Quinny qui, s'étant saisi de l'argument par hasard, fut agréablement surpris de constater qu'il allait se convaincre lui-même. "Mais voici la grande distinction : pour être une source d'inspiration, une femme doit toujours représenter pour l'artiste une forme d'inaccessible. C'est la recherche de quelque chose au-delà de lui qui lui fait défier les étoiles, et toute cette sorte de pourriture, vous savoir."

"La tragédie de la vie", a déclaré Rankin sentencieusement, "c'est qu'une femme ne peut pas tout le temps signifier tout pour un homme."

C'était une phrase qu'il avait entendue la veille et qu'il lançait nonchalamment, d'un air spontané, en tordant la vieille bague espagnole sur ses doigts osseux et blancs, qu'il tenait invariablement devant son long nez glissant.

"Merci, j'ai dit cela à propos de l'année 1907", dit Quinny, tandis que Steingall haletait et donnait un coup de coude à Towsey. "C'est la tragédie de la vie, pas la tragédie de l'art, deux choses bien différentes. Un artiste a besoin de dix, quinze, vingt femmes, selon la multiplicité de ses idées. Il doit toujours être violemment amoureux ou réagir violemment. "

"Et la femme ?" dit De Gollyer . "A-t-elle une quelconque influence ?"

" Mon cher, le plus grand. Sans femme, un artiste devient la proie de l'inspiration du moment, y est condamné ; et comme il n'est pas analyste, il finit par s'imaginer qu'il est réellement amoureux. Prenez le portrait. Une charmante dame pose pour un portrait, le peintre prend ses pinceaux, dispose sa palette, cherche l'inspiration, — qu'y a-t-il sous la surface ? — quelque chose d'intangible à deviner, à saisir et à apposer sur sa toile. Il cherche à connaître l'âme qu'il cherche ; comment ? Comme le cherche naturellement. Plus il s'imagine amoureux, plus l'idée l'obsède du matin au soir, — comme le nez sur le visage. Seulement, il y a d'autres portraits à peindre. épouse."

"Charmant", dit Stibo , qui n'avait cessé d'enrouler ses moustaches dans ses doigts roses.

"Ah, c'est là le problème. Et la femme ?" dit Steinall violemment.

" L'épouse — l'épouse idéale, remarquez — est alors l'arme, le refuge. Pour échapper à l'enchevêtrement de son inspiration momentanée, l'artiste devient un homme : ma femme et *bonjour* . Il rentre chez lui, enlève le plumeau de son illusion, nettoie la palette des vieux souvenirs, lave ses vœux, ses protestations et tout ce qui pourrit, vous savez, se couche sur le canapé et donne sa tête à sa femme pour qu'elle frotte le rideau.

"Mais c'est ce qu'ils ne comprennent pas", a déclaré Steinall avec enthousiasme. "C'est ce qu'ils ne comprendront *jamais* ."

« De tels miracles existent ? » dit Towsey avec un rire court et désagréable.

"Je connais l'épouse d'un artiste", a déclaré Quinny, "que je considère comme la femme la plus remarquable que je connaisse - qui s'assoit, tricote et sourit. C'est une personne qui comprend. Son mari l'adore et il est amoureux d'une femme. un mois. Quand il s'enfonce trop profondément, prêt pour une autre inspiration, vous savez, elle appelle le vieil amour au téléphone et lui demande d'arrêter d'ennuyer son mari.

"Merveilleux!" dit Steinall en laissant tomber ses lunettes.

"Pas vraiment?" dit Rankin.

"A-t-elle une sœur ?" dit Towsey.

Stibo leva lentement les yeux vers ceux de Quinny mais, aussi voilé que soit son regard, De Gollyer le perçut et inscrivit en souriant cette connaissance sur le registre de ses secrets sociaux.

"C'est ça, par George ! c'est ça", dit Steinall , qui jeta l'enthousiasme d'un réformateur dans son pessimisme. " C'est si simple, mais ils ne comprendront pas. Et pourquoi, savez-vous pourquoi ? Parce qu'une femme est jalouse. Ce n'est pas seulement des autres femmes. Non, non, ce n'est pas ça ; c'est pire que ça, dix mille fois pire. Elle est jalouse de ton *art* ! Voilà ! Elle est jalouse parce qu'elle ne peut pas le comprendre, parce qu'il t'éloigne d'elle, parce qu'elle ne peut pas le *partager* . pas de liberté, pas d'individualisme, pas d'isolement, devoir rendre compte chaque nuit de ses actes, de ses pensées, des choses dont on rêve – ah, les rêves ! Les Chinois ont raison, les Japonais ont raison. C'est nous, les Occidentaux, qui avons tous tort. Il n'y a que la créatrice qui compte . Il faut subordonner la femme, la rabaisser, lui apprendre la volupté de l'obéissance. C'est ça, cette foutue sentimentalité anglo-saxonne qui étouffe l'art. ce que c'est."

Aux expressions familières de l'éclat de Steinall , Rankin secoua la tête en signe d'assentiment sans équivoque, Stibo sourit de manière à montrer ses fines dents supérieures, et Towsey jeta son cigare en disant :

"Des mots, des mots."

Au moment où Quinny, qui avait digéré l'argumentation de Steingall , s'apprêtait à dévorer tout le sujet, Britt Herkimer, le sculpteur, les rejoignit. C'était un hôte venu tout juste de Paris, où il était établi depuis vingt ans, un des cinq hommes d'art qu'on comptait sur les doigts quand on prononçait le mot génie. Mentalement et physiquement allemand, il parlait anglais avec un accent français. Ses cheveux étaient coupés *en brosse* , et dans son visage brun japonais, on ne voyait que les yeux saccadés, furtifs et ivres de curiosité. C'était un homme direct, opiniâtre, débordant d'énergie, un de ces travailleurs infatigables qui méprisent leur jeunesse et la traitent comme une maladie. Son entrée dans le groupe de ses confrères les plus socialement domestiqués fut comme le retour d'un chien-loup parmi les chiens de la maison.

"Toujours en train de briser des idoles ?" dit-il en frappant l'épaule de Steinall , avec qui et Quinny il avait passé ses années d'étudiant, "Eh bien, quel est le problème ?"

"Mon cher Britt, nous réformons le mariage. Steingall est pour l'importation d'épouses mongoles", a déclaré De Gollyer , qui avait écrit deux articles favorables sur Herkimer, "tandis que Quinny est pour la fondation d'une école pour épouses sur les lignes les plus nouvelles et les plus intéressantes."

"C'est étrange", dit Herkimer avec un léger froncement de sourcils.

« Au contraire, non, » dit de Gollyer ; "nous abolissons toujours le mariage de quatre à six ans."

"Vous ne m'avez pas compris", dit Herkimer, avec la netteté dont il faisait preuve dans ses cours.

À son ton, le groupe comprit que les hasards lui avaient apporté une brusque coïncidence. Ils attendaient dans un silence involontaire, ce qui en soi était un rare hommage.

"Tu te souviens de Rantoul?" dit Herkimer en roulant une cigarette et en utilisant une diction saccadée.

"Clyde Rantoul?" dit Stibo .

"Don Furioso Barebones Rantoul, qui était dans le Quartier avec nous ?" » dit Quinny.

"Don Furioso, oui", a déclaré Rankin. "Tu l'as déjà vu ?"

"Jamais."

"Il est marié", a déclaré Quinny; "abandonné."

"Oui, il s'est marié", dit Herkimer en allumant sa cigarette. "Eh bien, je viens de le voir."

"C'est un ploutocrate ou quelque chose comme ça", dit Towsey d'un ton réfléchi.

"Il est riche, fini", dit Steinall en frappant la table. "Par Jupiter ! Je m'en souviens maintenant."

"Attendez," dit Quinny, s'interposant.

From his tone the group perceived that the hazards had brought to him some abrupt coincidences

"Je suis allé le voir hier, je viens juste de revenir", a déclaré Herkimer. "Rantoul était le plus grand homme de nous tous. C'est une drôle d'histoire. Vous parlez de mariage, la voici."

II

Au début des années 90, lorsque Quinny, Steinall , Herkimer, le petit Bennett, qui par la suite descendit dans le Transvaal et se joignit à la Légion étrangère, Jacobus et Chatterton, les architectes, vivaient cet état bel et rebelle de jeunesse débordante, Rantoul était le leader incontesté, l'archi-rebelle, le maître-démolisseur du groupe.

Chaque après-midi, à cinq heures, sa silhouette gargantuesque se débattait dans la foule du boulevard, tandis qu'un omnibus en route disperse les fiacres fragiles. Il arriva, rayonnant d'électricité, tirades à la langue, à sa chaise parmi les tablonniers du Café des Lilas, et ses premiers mots furent comme la fanfare des trompettes. Il avait été baptisé, dans l'heureuse langue du Quartier, Don Furioso Barebones Rantoul, et pour cause. Il partageait avec son copain Britt Herkimer une mansarde, rue de l'Ombre , une sorte de bouche d'égout éclairée par les étoiles, quand il y avait des étoiles, et il ne manquait jamais de gravir les six étages branlants en chantant. sur ses lèvres.

Une vieille femme qui tenait un magasin de fruits lui accordait un crédit implicite ; un membre du sexe beaucoup plus jeune de la crémerie du coin lui faisait confiance pour les œufs et le lait frais, et se penchait vers lui par-dessus le comptoir, riant dans ses yeux en s'exclamant :

"Ma belle , quand je serai célèbre, je t'achèterai une robe en soie et une paire de boucles d'oreilles qui arriveront jusqu'à tes épaules, et ce ne sera pas long. Tu verras."

Il adorait être pauvre. Lorsque sa toile s'est effondrée, il a peint ses chevilles pour caricaturer les créations violentes qui faisaient la fierté de Chatterton, qui était un nabab. Lorsque son crédit dans un restaurant expirait, il s'avançait avec confiance vers un autre propriétaire et lui annonçait avec l'air de quelqu'un qui accorde une faveur :

"Je suis Rantoul, le portraitiste. Dans cinq ans mes portraits se vendront cinq mille francs, dans dix vingt mille francs. Je prendrai un repas par jour dans votre distingué établissement, et je ferai votre portrait pour rendre vos murs célèbres. A la fin du mois , j'immortaliserai votre femme ; aux mêmes conditions, votre sœur, votre père, votre mère et tous les petits enfants. D'ailleurs, chaque samedi soir, j'amènerai ici une bande de mes camarades qui paieront en bien. argent dur. Rappelez-vous que si vous aviez acheté un Corot vingt francs en 1870, vous auriez pu le vendre cinq mille francs en 1880, cinquante mille en 1890. L'idée vous séduit-elle ?

Mais comme la plupart des restaurateurs sont pratiques et sans imagination, et en même temps de fervents négociateurs, Rantoul, au bout d'une semaine, était généralement obligé de chercher un nouveau gardien.

"Quel privilège d'être pauvre !" s'exclamait-il alors avec enthousiasme à Herkimer. "Cela éveille toutes les perceptions; la faim rend l'œil plus vif. Je peux voir aujourd'hui des couleurs que je n'avais jamais vues auparavant. Et dire que si Sherman n'avait jamais eu l'idée de marcher vers la mer, je n'aurais jamais dû expérimenter cela inspiration ! Mais, mon vieux, nous avons si peu de temps pour être pauvres. Nous ne devons encore rien montrer. Nous avons de la chance, nous pouvons le sentir.

En matière de traditions, il était à son meilleur.

« Shakspere est la malédiction du drame anglais », déclarait-il avec un geste descendant qui faisait trembler tous les petits verres. "Rien ne sortira jamais d'Angleterre tant que son influence ne sera pas ignorée. C'était un primitif, un préraphaélite . Il ne comprenait rien à la forme, à la composition. C'était un poète qui errait dans le drame comme un mouton s'égare dans le pâturage des taureaux. , un coloriste qui s'imagine pouvoir être sculpteur. L'influence de Victoria a sentimentalisé tout le mouvement artistique en Angleterre, l'a rendu bourgeois et l'a parfumé à la sauce à la menthe. Le portrait moderne a transformé les galeries en une exposition d'œuvres de cire. avec la peinture aujourd'hui, le savez-vous ?

" *Allons* , dis-le-nous !" criaient deux ou trois, tandis que d'autres, profitant du répit, remplissaient l'air de leurs ordres :

"Paul, un autre bloc."

"Deux œufs durs."

"Et les bretzels ; n'oubliez pas les bretzels."

« Le problème de la peinture aujourd'hui, c'est qu'elle n'a pas de point de vue », s'écria Rantoul en avalant un œuf à la manière des anacondas. "Nous interprétons la vie à la manière du Moyen Âge. Nous oublions que l'art doit être historique. Nous oublions que nous sommes maintenant dans notre siècle. La laideur, et non la beauté, est la note de notre siècle ; les turbulences, les conflits, le matérialisme, la foule , des machines, des masses, pas des unités. Pourquoi peindre un capitaine d'industrie contre une tapisserie de François Ier ? Qu'est-ce qui ne va pas ? , que l'art est dans l'esclavage de la littérature, la sentimentalité. Il faut enregistrer ce que l'on vit. La laideur a son utilité, son magnétisme ; la laideur de la misère abjecte pousse à réfléchir, à réajuster les idées. Ah ! si seulement nous pouvions brûler les galeries, nous serions obligés de retourner à la vie. »

"Bravo, Rantoul !"

"Bien, mon vieux."

"Écrasez les statues !"

"Brûlez les galeries !"

"A bas la tradition !"

"Des œufs et encore du bock!"

Mais là où Rantoul différait du régiment révolutionnaire, c'est qu'il n'était pas simplement un peintre qui prononçait des discours ; il savait peindre. Ses tirades n'étaient pas tant une fureur de dénonciation qu'une irritation impulsive de l'énergie créatrice en lui. À l'école, il était déjà un homme marqué pour faire prophétiser les prophètes. Il avait un style qui lui était propre, mordant, incisif, surchargé et excessif, mais qui avait quelque chose à dire. Il cherchait quelque chose. Il était original.

"Rebelle ! Rebellons-nous !" criait-il à Herkimer depuis sa couette agitée au cours de la dernière heure de discussion. "L'artiste doit toujours se rebeller : ne rien accepter, tout remettre en question, dénoncer les conventions et les traditions."

"Avant tout, du travail", dit Herkimer de son ton laconique.

"Quoi ? Je ne travaille pas ?"

"Travailler plus."

Rantoul, cependant, n'était pas vulnérable sur ce point. Ce n'était pas, il est vrai, le cheval de trait qu'était Herkimer, qui vivait en reclus, fuyant les cafés et les dancings, dévorant les dernières heures grises de la journée sur ses statues et ses argiles. Mais Rantoul, tout en vivant pleinement sa vie, hantant les quais et les marchés d'yeux avides, parcourant les bois et crapaudant les quais de Seine, se mêlant aux foules qui clignotaient sous les reflets des arcs de cercle, aux mille mystères de la masse et le mouvement, n'ont jamais relâché un instant l' attaque sauvage que sa nature bondissante a lancée contre les corvées et la routine de la technique.

Avec l'entrée tant convoitée au Salon, la reconnaissance est venue rapidement pour les deux amis. Ils font une entrée triomphale dans un véritable atelier du quartier Montparnasse, les clients viennent, et la salle devient une place d'honneur parmi les jeunes et enthousiastes du Quartier.

Rantoul commença à paraître dans le monde, assiégé des invitations que lui procuraient son aristocratie méridionale et le romantisme de ses succès.

"Tu sors trop", lui dit Herkimer avec un grognement effrayant. "Qu'est-ce que tu veux de la société, de toute façon ? Reste à l'écart. Tu n'as rien à voir avec ça."

" Qu'est-ce que je fais ? Je sors une fois par semaine ", dit Rantoul en sifflotant agréablement.

"Une fois, c'est trop souvent. Que veux-tu devenir, une célébrité de salon ? Society *c'est l'ennemi* . Tu devrais détester ça."

"Je fais."

« Humph ! » » dit Herkimer en le regardant par-dessus sa pipe en terre cuite. " Sortez de votre tête cette idée des gens. Enfermez-vous dans un trou, travaillez. C'est quoi la société, de toute façon ? Beaucoup de gens qui s'ennuient et veulent qu'on les amuse. Je n'approuve pas. Mieux vaut épouser cette jolie fille du crèmerie. Elle vous adorera comme un dieu, vous mettra à l'aise. C'est tout ce dont vous avez besoin du monde.

— Épouse-la toi-même ; elle coudrea et cuisinera pour toi, dit Rantoul avec une parfaite bonne humeur.

"Je ne suis pas en danger", dit sèchement Herkimer; "tu es."

"Quoi!"

"Tu verras."

— Écoute, vieux râleur, dit sérieusement Rantoul. "Si je vais dans le monde, c'est pour voir le vide de tout..."

"Oui oui."

"Pour savoir contre quoi je me rebelle—"

"Bien sûr."

"Pour apprécier la liberté de la vie que j'ai—"

"Faux!"

"Pour bénéficier des contrastes, de la lumière et de l'ombre. Vous pensez que je ne suis pas un rebelle. Mon cher garçon, je suis dix fois plus rebelle que moi. Savez-vous ce que je ferais de la société ?"

Il entame une tirade dans le célèbre style musclé de Rantoul, renversant les croyances et les castes, réorganisant les républiques et les empires, tandis qu'Herkimer, grommelant pour lui-même, se mettait à gronder le modèle, qui somnolent subit de plein fouet sa mauvaise humeur.

Au cours de la deuxième année de son succès, Rantoul, tout à fait par hasard, rencontra une adolescente nommée Tina Glover, fille unique de Cyrus Glover, un homme de plusieurs millions, self-made. La première fois que leurs regards se rencontrèrent et s'attardèrent, par la mystérieuse chimie des passions, Rantoul tomba désespérément amoureux de cette petite fille qui lui arrivait à peine à l'épaule ; qui, de son côté, décida aussitôt qu'elle avait trouvé le mari qu'elle comptait avoir. Deux semaines plus tard, ils étaient fiancés.

Elle avait dix-sept ans, à peine une enfant, avec des yeux bleus clairs qui semblaient trop grands pour son corps, très timides et attirants. Il est vrai qu'elle exprimait rarement son opinion, mais elle écoutait tout le monde avec un sourire flatteur, et la réputation de brillants causeurs s'est bâtie sur moins. Elle avait une façon de passer ses deux bras autour du grand de Rantoul et de s'accrocher à lui d'une façon faible et dépendante qui était tout à fait charmante.

Lorsque Cyrus Glover fut informé que sa fille avait l'intention d'épouser un peintre en peinture, il partit pour Paris avec un préavis de dix heures. Mais Mme Glover, qui était tout aussi déterminée aux conquêtes sociales que Glover l'était au contrôle du secteur du verre plat, descendit à sa rencontre au bateau, et au moment où le train entra dans la gare Saint-Lazare, il avait été complètement discipliné. et faire comprendre qu'un peintre était une chose et qu'un Rantoul, qui peignait par hasard, en était une autre. Quand il connaissait Rantoul depuis une semaine ; et écoutait bouche bée ses projets éloquents visant à réorganiser l'univers, et les arts en particulier, il était prêt à jurer qu'il était l'un des génies du monde.

Le mariage a eu lieu peu de temps et Cyrus Glover a donné au marié un chèque de 100 000 $, "afin qu'il n'ait pas à déranger sa femme pour de l'argent de poche ". Herkimer était le meilleur homme, et le Quartier était présent en nombre, avec beaucoup d'enthousiasme extérieur. Les mariés partent pour un voyage de deux ans autour du monde, afin que Rantoul s'inspire des trésors de l'Italie, de la Grèce, de l'Inde et du Japon.

Tout le monde , même Herkimer, était d'accord pour dire que Rantoul était l'homme le plus chanceux de Paris ; qu'il avait trouvé la femme qui lui convenait, et dont la fortune offrirait à son génie toutes les occasions de se développer.

"Tout d'abord", a déclaré Bennett, lorsque le groupe était revenu au studio d'Herkimer pour continuer la célébration, "laissez-moi remarquer qu'en général, je n'approuve pas le mariage d'un artiste."

"Moi non plus", s'écria Chatterton, et le chœur répondit : "Moi non plus."

"Je ne me marierai jamais", a poursuivi Bennett.

"Jamais", s'écria Chatterton, qui frappait du talon un tatouage sur le piano pour accompagner le chœur d'assentiment.

"Mais... j'ajoute mais... dans ce cas, mon opinion est que Rantoul a trouvé un diamant pur."

"Vrai!"

"D'abord, elle ne connaît rien du tout à l'art, ce qui est un énorme avantage."

"Bravo!"

"En second lieu, elle ne sait rien du reste, ce qui est mieux encore."

"Cynique ! Vous détestez les femmes intelligentes", s'écria Jacobus.

"Il y a une raison."

"Tout de même, Bennett a raison. La femme d'un artiste devrait être une créature d'impulsions et non d'idées."

"Vrai."

"En troisième lieu", poursuit Bennett, "elle croit que Rantoul est un demi-dieu. Tout ce qu'il fera sera la chose la plus merveilleuse du monde, et avoir une petite personne dont on est follement amoureux pense que c'est énorme."

"Tout cela n'est pas très élogieux pour la mariée", a déclaré Herkimer.

"Trouvez-moi une comme elle", cria Bennett.

"Idem", ont déclaré Chatterton et Jacobus avec enthousiasme.

"Il n'y a qu'une seule chose qui m'inquiète", a déclaré Bennett sérieusement. « N'y a-t-il pas trop d'argent ?

"Pas pour Rantoul."

"C'est un rebelle."

"Vous verrez, il va remuer le monde avec ça."

Herkimer lui-même avait approuvé sans réserve le mariage. Les manières enfantines de Tina Glover l'avaient convaincu, et comme il ne se préoccupait que de l'avenir de son amie, il était d'accord avec les autres sur le fait que rien de plus heureux n'aurait pu arriver.

Trois années passèrent, pendant lesquelles il reçut occasionnellement des lettres de son ancien copain, pas aussi spontanées qu'il l'espérait, mais remplies des merveilles des mondes antiques. Puis les intervalles devinrent de plus en plus longs, et finalement aucune lettre n'arriva.

Il apprit vaguement que les Rantoul s'étaient installés à l'Est quelque part près de New York, mais il attendit en vain la nouvelle de l'émoi dans le monde de l'art que devraient produire les premières expositions de Rantoul.

Ses amis qui visitaient l'Amérique revinrent sans nouvelles de Rantoul ; le bruit courait qu'il s'était lancé avec son beau-père dans l'organisation d'un nouveau chemin de fer ou d'un nouveau trust. Mais même ce bruit était vague, et comme il ne comprenait pas ce qui avait pu arriver, cela lui resta longtemps un mystère. Puis il l'a oublié.

Dix ans après le mariage de Rantoul avec la petite Tina Glover, Herkimer retourne en Amérique. Les dernières années l'avaient placé au premier plan des sculpteurs du monde. Il avait cette conscience étrangement excitée qu'il était une figure aux yeux du public. Les journalistes se précipitèrent à sa rencontre à son arrivée, les sociétés lui organisèrent des dîners, les magazines recherchèrent les détails de la lutte de sa vie. Cependant, il ressentait une étrange solitude et un sentiment d'éloignement du monde bruyant qui l'entourait. Il se souvint de l'ancienne amitié dans la mansarde étoilée de la rue de l'Ombre et, apprenant l'adresse de Rantoul, lui écrivit. Trois jours plus tard, il reçut la réponse suivante :

Cher vieux garçon :

Je suis ravi de constater que vous vous souvenez de moi dans votre renommée. Courir

debout ce samedi pour une semaine au moins. je vais t'en montrer un peu

paysage, et nous reviendrons ensemble sur l'époque du Café des Lilas.

Ma femme vous envoie également ses salutations.

Clyde.

Cette lettre fit réfléchir Herkimer. Il n'y avait rien sur lequel il pouvait mettre le doigt, et pourtant il y avait quelque chose qui n'était pas là. Avec quelques appréhensions, il fit son sac et prit le train, se rappelant à nouveau l'image de Rantoul, avec son pantalon miteux remonté, décorant ses chevilles de lavande et de noir, rugissant tout le temps de son rire grondant.

A la gare, seul le chauffeur était venu à sa rencontre. Un valet de pied correct, se déplaçant sur des ressorts, prit son sac, le plaça sur la banquette arrière et lui tendit un plumeau. Ils franchirent une porte à piliers de style Renaissance, passèrent devant une loge de jardinier, avec des serres scintillantes au soleil couchant, et s'enfuirent sans bruit le long de la route macadam qui serpentait à travers un bosquet formel. Tout à coup, ils se trouvèrent devant la maison, en briques rouges et en marbre, avec de larges portes cochères et vérandas, au-delà desquelles on apercevait des pelouses immaculées, et au milieu, le gris paresseux d'une rivière qui descendait des collines turbulentes. sur l'horizon. Une autre créature en livrée descendit les marches et lui tint la porte. Il entra perplexe dans le hall, frais de la brise qui passait par les portes-fenêtres ouvertes.

Rantoul, . . . decorating his ankles with lavender and black

"M. Herkimer, n'est-ce pas ?"

Il se tourna pour trouver une femme aux manières sûres qui lui tendait correctement la main, et sous le panama qui surmontait l'effet agréable de son polo blanc, il regarda dans les yeux de cette Tina Glover, qui avait un jour attrapé sa main rugueuse dans ses petits et dit timidement :

"Tu seras toujours mon ami, mon meilleur, tout comme tu es celui de Clyde, n'est-ce pas ? Et je peux t'appeler Britt ou Old Boy ou Old Top, tout comme Clyde ?"

Il la regarda étonné. Elle était plus jolie, indéniablement. Elle avait appris l'art d'être une femme et elle lui tendit la main comme si elle lui avait accordé une faveur.

"Oui," dit-il brièvement, se figeant d'un seul coup. « Où est Clyde ?

"Il a dû jouer un match de polo. Il est juste à la maison en train de prendre un bain", dit-elle facilement. " Veux-tu d'abord aller dans ta chambre ? Je n'ai invité personne à dîner. J'ai supposé que vous préfériez discuter ensemble du bon vieux temps. Vous êtes devenu une immense célébrité, n'est-ce pas ? Clyde est si fier de vous. "

"Je vais dans ma chambre maintenant", dit-il brièvement.

Le valet de chambre l'avait précédé, ouvrant sa valise et lissant ses vêtements de soirée sur le couvre-lit en dentelle.

"Je vais m'en occuper," dit-il sèchement. "Tu peux partir."

Il se tenait à la fenêtre, pendant la longue soirée du jour de juin, fronçant les sourcils. "Par George ! J'ai l'esprit à vider", dit-il, complètement en colère.

A ce moment, un coup vigoureux retentit, et Rantoul en pantoufles et robe de chambre lilas entra par effraction, les cheveux encore mouillés de sa douche.

"Le même que toujours, bénis le Old Top!" » cria-t-il en le rattrapant dans l'un de ces câlins d'ours d'autrefois. "Je dis, ne me trouve pas inhospitalier. J'ai dû jouer un match confus. Nous les avons battus aussi; nous avons perdu six livres en le faisant, cependant. Bravo! mais tu as l'air naturel! Je dis, c'était une chose étonnante que tu as faite. pour Philadelphie, l'audace. Comment trouves-tu ma maison ? J'ai aussi quatre enfants. Qu'en penses-tu ? Eh bien, dis-moi ce que tu fais.

Herkimer céda devant l'élan familier d'enthousiasme et de questions, et la conversation commença sur un pied d'égalité. Il regarda Rantoul, conscient du changement social qui s'était opéré en lui. L'ancienne agressivité, le regard du loup avaient disparu ; il y avait chez lui une urbanité enthousiaste. Il semblait net, viril, débordant de vitalité, mais c'était une vitalité différente, la vivacité et la décision d'un homme d'affaires, et non l'élan indompté de l'artiste.

Ils avaient parlé depuis à peine cinq minutes, lorsqu'on frappa à la porte et qu'une voix de valet de pied dit :

"Mme Rantoul souhaite que vous ne soyez pas en retard pour le dîner, monsieur."

— Très bien, très bien, dit Rantoul avec un peu d'impatience. " J'oublie toujours l'heure. Jupiter ! ça fait du bien de te revoir ; tu nous donnes au moins une semaine. On se retrouve en bas. "

Quand Herkimer fut habillé et descendu, son hôte et son hôtesse étaient toujours à l'étage. Il parcourut les pièces, notant avec curiosité le contenu des murs. Il y avait plusieurs tableaux de valeur, une série de dessins de Boucher, une ou deux répliques de ses propres œuvres ; mais il cherchait sans succès quelque chose du pinceau de Clyde Rantoul. Au dîner, il éprouva un soudain malaise. Mme Rantoul, avec le sourire flatteur qui rappelait Tina Glover, le pressait d'innombrables questions, auxquelles il répondait avec contrainte, toujours conscient de la sourde simulation d'intérêt dans ses yeux.

A deux reprises pendant le repas, Rantoul fut appelé au téléphone pour une conversation à distance.

"Clyde est en train de devenir une véritable puissance à Wall Street", a déclaré Mme Rantoul avec un sourire approbateur. "Père dit qu'il est la force des jeunes hommes. Il a vraiment un génie pour l'organisation."

"C'est un moment merveilleux, Britt", dit Rantoul en reprenant sa place. " Il n'y a rien de tel nulle part sur la planète : les possibilités de concentration et de simplification ici dans les affaires. C'est aussi un grand jeu, opposer votre intelligence à celle d'autrui. Nous construisons des empires commerciaux, de l'ordre à partir du chaos. " je gagne énormément d'argent. »

Herkimer resta obstinément silencieux pendant le reste du dîner. Tout semblait l'enchaîner : la contrainte de dîner devant le majordome silencieux et voltigeant, les domestiques qui emportaient son assiette avant qu'il s'en rende compte, la succession de plats méconnaissables, le jargon constant des écoutes sociales que Mme Rantoul mettait en action dès l'instant où elle s'en rendait compte. les souvenirs de son mari l'exilaient de la conversation ; mais surtout l'inimitié indéfinissable qui semblait jaillir de la part de son hôtesse, et qu'il semblait deviner de temps en temps lorsque le sourire prêt quittait ses lèvres et qu'elle était obligée d'écouter des choses qu'elle ne comprenait pas.

Lorsqu'ils se levèrent de table, Rantoul passa le bras autour de sa femme et lui dit quelque chose à l'oreille, ce qui lui sourit et lui tapota la main.

"Je suis très fière de mon mari, M. Herkimer", a-t-elle déclaré avec un petit mouvement de tête qui reflétait un sentiment de propriété. "Tu verras."

"Supposons que nous allions fumer un peu dans le jardin", a déclaré Rantoul.

"Quoi, tu vas me quitter ?" » dit-elle aussitôt, avec une nuance de vague inquiétude, qu'Herkimer s'aperçut.

— Nous ne serons pas longs, ma chérie, dit Rantoul en lui pinçant l'oreille. "Nos bavardages ne vous intéresseront pas. Envoyez le café dans la coupole des roses."

Ils sortirent sous le porche ouvert, mais Herkimer aperçut la petite femme debout, tapotant irrésolument de son doigt maigre sur la table, et il se dit : « C'est une petite ogresse de jalousie. dis lui?"

Ils parcouraient des sentiers parfumés, sous le réseau d'étoiles en hauteur, n'entendant que le craquement des petits cailloux sous leurs pieds.

"Tu as abandonné la peinture ?" » dit Herkimer tout à coup.

— Oui, mais cela ne compte pas, dit brusquement Rantoul ; mais il y avait dans sa voix une note différente, quelque chose de l'inquiétude du vieux Don Furioso. "Parlez-moi du Quartier. Qui est au Café des Lilas maintenant ? On me dit que ce petit Ragin qu'on tourmentait tant a fait de belles décorations. Qu'est devenue cette jolie fille de la crémerie de la rue de l' Ombre qui nous aidait pendant les jours de vaches maigres ? »

"Qui avez-vous baptisé Notre-Dame des Moineaux ?" "Oui, oui. Tu sais que je lui ai envoyé la robe en soie et les boucles d'oreilles que je lui avais promises."

Herkimer commença à parler d'une chose et d'une autre, de Bennett, qui était parti dramatiquement au Transvaal ; de Le Gage, qui était désormais à l'avant-garde du groupe des plus jeunes paysagistes ; des vieux types qui venaient encore fidèlement au Café des Lilas, des vieux joueurs d'échecs, le gros patron, avec sa grosse femme et ses trois gros enfants qui y dînaient régulièrement tous les dimanches, des nouvelles idées révolutionnaires chez les jeunes hommes. qui commençaient à s'affirmer.

— Asseyons-nous, dit Rantoul comme suffoquant.

Ils s'installèrent dans des fauteuils en osier, sous la coupole de roses parfumée, dédaignant le café qui attendait sur une table. D'où ils se trouvaient, une allée aux carreaux rouges, avec des parterres de fleurs hochant la tête dans un sommeil enchanté, menait à la véranda. Les fenêtres du porche étaient ouvertes et, à la lumière dorée de la lampe, Herkimer vit la silhouette de Tina Glover penchée intensément sur une broderie, tirant son aiguille avec des points inégaux, sa tête semblant inclinée pour capter le moindre bruit. La pose nerveuse et en attente, la silhouette élancée en garde, lui procuraient une étrange, presque inquiétante sensation de mystère, et sentant le changement soudain d'humeur de l'homme à ses côtés, il regarda la silhouette de l'épouse et dit à lui-même:

"Je donnerais beaucoup pour savoir ce qui se passe dans cette petite tête. De quoi a-t-elle peur ?"

"Vous êtes surpris de me trouver tel que je suis", dit Rantoul rompant brusquement le silence.

"Oui."

"Tu ne peux pas comprendre?"

"Quand as-tu arrêté de peindre ?" » dit brièvement Herkimer, avec le sentiment sûr que l'heure des confidences était venue.

"Il y a sept ans."

"Pourquoi, au nom de Dieu, as-tu fait ça ?" dit Herkimer en jetant son cigare avec colère. "Tu n'étais pas n'importe qui - Tom, Dick ou Harry. Tu avais quelque chose à dire, mec. Écoute. Je sais de quoi je parle , - j'ai vu tout le cortège au cours des dix dernières années, - vous étiez un sur mille. Vous étiez un créateur. Vous aviez des idées ; vous étiez censé être un leader, diriger un mouvement. Vous aviez un pouvoir plus sauvage, sous-développé, mais tirant sur la chaîne, que n'importe quel homme que j'ai connu. connu. Pourquoi as-tu fait ça ?

— J'avais presque oublié, dit lentement Rantoul. "Es-tu sûr?"

"J'en suis sûr ?" » dit Herkimer furieusement. "Je dis ce que je veux dire, tu le sais."

"Oui, c'est vrai", dit Rantoul. Il tendit la main et but son café, mais sans savoir ce qu'il faisait. "Eh bien, c'est tout du passé – ce qui aurait pu être."

"Mais pourquoi?"

« Britt, mon vieux, » dit enfin Rantoul, parlant comme pour lui-même, « avez-vous déjà eu un moment où vous êtes soudainement sorti de vous-même, vous avez regardé vous-même et votre vie de spectateur ? vous avait tiré d'un côté et de l'autre, et réalisé ce qui aurait pu se passer si vous aviez franchi un cap à un certain jour de votre vie plutôt qu'à un autre ? »

"Non, je suis allé là où je voulais aller", dit Herkimer avec obstination.

— Vous le croyez. Eh bien, ce soir, je me vois pour la première fois, dit Rantoul. Puis il ajouta d'un ton méditatif : "Je n'ai pas fait une seule chose que je voulais."

"Mais pourquoi… pourquoi ?"

— Vous m'avez tout ramené, dit Rantoul en ignorant cette question. "Ça fait mal. Je suppose que demain je vais m'en vouloir, mais ce soir, je me sens trop profondément. Il n'y a rien de libre en nous dans ce monde, Britt. Je le crois profondément. Tout ce que nous faisons du matin au soir est dicté par la direction de ceux qui nous entourent. Un ennemi, quelqu'un à découvert, nous pouvons combattre et résister ; mais ce sont ceux qui sont les plus proches de nous qui nous désarment parce qu'ils nous aiment, qui nous changent le plus, qui contrecarrent nos désirs, et rien dans ce monde n'est aussi inexorable, aussi terriblement, terriblement irrésistible qu'une femme sans force, sans logique, sans vision, qui ne fait qu'aimer.

« Il va dire des choses qu'il va regretter », pensa Herkimer, et pourtant il ne s'y opposa pas. Au lieu de cela, il jeta un coup d'œil vers le chemin faiblement rougeoyant jusqu'à la maison où Mme Rantoul était assise, sa broderie sur ses genoux, la tête levée comme pour écouter. Soudain, il dit :

"Ecoute ici, Clyde, tu veux me dire ça ?"

"Oui, c'est la vie. Pourquoi pas ? Nous sommes à l'âge où il faut affronter les choses."

"Toujours-"

— Laissez-moi continuer, dit Rantoul en l'arrêtant. Il tendit la main distraitement et but la deuxième tasse. « Laissez-moi vous dire maintenant, Britt, de peur que vous ne compreniez mal, qu'il n'y a jamais eu la moindre querelle entre ma femme et moi. Elle m'aime absolument ; rien d'autre au monde n'existe pour elle. Il en a toujours été ainsi ; elle ne peut pas le faire. Je supporte même de me perdre de sa vue. Je suis très heureux. Seulement, il y a dans un tel amour quelque chose de tigre, une jalousie animale et féroce de tout et de tous qui pourrait même un instant m'éloigner de la pensée. elle souffre probablement d'indicibles douleurs parce qu'elle pense que je regrette les jours où elle n'était pas dans ma vie.

"Et parce qu'elle ne pouvait pas comprendre votre art, elle le détestait", a déclaré Herkimer avec une colère croissante.

"Non, ce n'était pas ça. C'était quelque chose de plus subtil, de plus instinctif, de plus impossible à combattre", dit Rantoul en secouant la tête. "Savez-vous quel est le grand essentiel de l'artiste, de celui qui crée ? Le sentiment d'intimité, le pouvoir d'isoler son propre génie de tout ce qui existe dans le monde, d'être absolument concentré. Pour créer, nous devons être seuls, avoir des choses étranges, des pensées inexprimées, tout comme dans les royaumes de l'âme, tout être humain doit connaître des moments d'isolement complet - des pensées, des rêveries, des humeurs qui ne peuvent être partagées même avec ceux que nous aimons le plus. Vous ne comprenez pas cela.

"Oui je le fais."

"Au fond, nous, les êtres humains, allons et repartons absolument seuls. L'amitié, l'amour, tout ce dont nous cherchons instinctivement à nous débarrasser, cette terrible solitude de l'âme, ne sert à rien. Eh bien, ce que les autres reculent, l'artiste doit le chercher."

"Mais tu ne pouvais pas lui faire comprendre ça ?"

"J'avais affaire à un enfant", a déclaré Rantoul. "J'aimais cette enfant, et je ne pouvais même pas supporter de voir un froncement de mécontentement assombrir son visage. Puis elle m'a adoré. Que peut-on répondre à cela ?"

"C'est vrai."

"Au début, ce n'était pas si difficile. Nous avons parcouru le monde, la Grèce, l'Inde, le Japon. Elle est venue s'asseoir à mes côtés lorsque je prenais mon chevalet ; chaque coup de pinceau semblait être un miracle. Cent fois elle pleurait Naturellement, cela m'amusait. De temps en temps, je suspendais les séances et je récompensais mon petit auditoire patient...

"Et les croquis ?"

— Ce n'était pas ce que je voulais, dit Rantoul avec un petit rire ; "Mais ils n'étaient pas mauvais. Quand je suis revenu ici et que j'ai ouvert mon atelier, cela a commencé à être difficile. Elle ne pouvait pas comprendre que je voulais travailler dix-huit heures par jour. Elle a supplié pour mes après-midi. J'ai cédé. Elle m'a embrassé frénétiquement. et dit : « Oh, comme tu es bon ! Maintenant, je ne serai plus jaloux, et chaque matin je viendrai avec toi et t'inspirerai. »

"Tous les matins", dit doucement Herkimer.

"Oui", dit Rantoul avec une petite hésitation, "tous les matins. Elle voletait dans le studio comme un papillon rose et blanc, m'envoyant un baiser de ses doigts délicats chaque fois que je regardais dans sa direction. Elle veillait chaque fois par-dessus mon épaule. accident vasculaire cérébral, et quand je faisais quelque chose qui lui plaisait, je sentais ses lèvres sur mon cou, derrière mon oreille, et je l'entendais dire : "C'est ta récompense."

"Tous les jours?" dit Herkimer.

"Tous les jours."

"Et quand tu avais un modèle ?"

" Oh ! alors c'était pire. Elle traitait les modèles comme s'ils étaient des forçats, les observant du coin de l'œil. Ses démonstrations d'affection redoublaient, ses caresses ne s'arrêtaient pas, comme si elle voulait leur marquer sa propriété. À cette époque, elle était vraiment jalouse. »

"Mon Dieu, comment as-tu pu supporter ça ?" » dit violemment Herkimer.

"Pour être franc, plus elle m'indignait comme artiste, plus elle me plaisait comme homme. Être aimé aussi absolument, surtout si on est sensible à de telles choses, a une ivresse qui lui est propre, oui, elle me fascinait." de plus en plus."

"Extraordinaire."

" Un jour, j'ai essayé de lui faire comprendre que j'avais besoin d'être seul. Elle m'a écouté solennellement, avec seulement un petit frémissement de ses lèvres, et m'a laissé partir. Quand je suis revenu, j'ai trouvé ses yeux gonflés de pleurs et son le cœur qui éclate."

"Et tu l'as prise dans tes bras et tu lui as promis de ne plus jamais la renvoyer."

" Naturellement. Puis j'ai commencé à sortir dans le monde pour lui plaire. Ensuite, quelque chose de très intéressant s'est produit, et j'ai négligé mon atelier pendant une matinée. La même chose s'est produite encore et encore. J'ai eu une période de révolte sauvage, de colère amère. , dans lequel j'ai résolu d'être ferme, d'insister sur mon intimité, de mener le combat."

"Et tu ne l'as jamais fait ?"

"Quand ses bras m'entourèrent, quand je vis ses yeux pleins d'adoration et de passion élevés vers les miens, j'oubliai toute mon irritation dans mon bonheur d'homme. Je me disais : "La vie est courte, elle vaut mieux". être aimé que d'attendre la gloire. Un après-midi, sous prétexte d'examiner le bosquet, je me suis enfui à l'atelier et j'ai sorti quelques-unes des vieilles choses que j'avais faites à Paris - et je me suis assis et je les ai regardés. Ma gorge a commencé à se remplir et j'ai senti le mal. les larmes me sont venues aux yeux, quand j'ai regardé autour de moi et que je l'ai vue debout, les yeux écarquillés, à la porte.

"'Que fais-tu?' dit-elle.

"'En regardant certaines des vieilles choses.'

« « Vous regrettez ces jours ? »

"'Bien sûr que non.'

"'Alors pourquoi me voles-tu, prends-tu un prétexte pour venir ici ? Mon amour n'est-il pas assez grand pour toi ? Veux-tu me mettre complètement hors de ta vie ? Tu me disais que je t'inspirais. Si tu veux, on renoncera aux après-midi. Je viendrai ici, je serai ton modèle, je m'assoirai pour toi à l'heure, mais ne me ferme pas la porte au nez !

"Elle s'est mise à pleurer. Je l'ai prise dans mes bras, j'ai dit tout ce qu'elle voulait que je dise, inconsidérément, brutalement, sans me soucier de ce que je disais.

"Cette nuit-là, je me suis enfui, résolu à en finir avec tout cela, à sauver ce à quoi je désirais. Je suis resté cinq heures à marcher péniblement dans la nuit, à aller et venir. Je me suis souvenu de mes enfants. Je suis revenu et j'ai menti. Le lendemain Un jour, je ferme la porte de l'atelier, non à elle, mais à moi-même.

"Pendant des mois, je n'ai rien fait. J'étais malheureux. Elle s'en est enfin rendu compte et m'a dit :

"'Tu devrais travailler. Tu n'es pas content de ne rien faire. J'ai arrangé quelque chose pour toi.'

« J'ai levé la tête avec étonnement, tandis qu'elle continuait en frappant dans ses mains avec délice :

"'J'en ai parlé avec papa. Tu iras dans son bureau. Tu feras de grandes choses. Il est très enthousiaste et je t'ai promis.'

"J'y suis allé. Je me suis intéressé. Je suis resté. Maintenant, je suis comme n'importe quel autre homme, domestiqué, conservateur, je vis ma vie, et elle n'a pas la moindre idée de ce qu'elle a tué."

"Entrons", dit Herkimer en se levant.

"Et tu dis que j'aurais pu laisser un nom ?" dit Rantoul avec amertume.

"Vous avez eu tort de me dire tout cela", dit Herkimer.

"Je te devais l'explication. Que pouvais-je faire ?"

"Mensonge."

"Pourquoi?"

"Parce qu'après une telle confidence, il vous est impossible de me revoir un jour. Vous le savez."

"C'est absurde. Je—"

"Retournons."

Plein de colère sourde et de révolte, Herkimer ouvrait la voie. Rantoul, après quelques pas, le rattrapa par la manche.

"Ne le prends pas trop au sérieux, Britt. Je ne me révolte plus. Je ne suis plus le Rantoul que tu as connu."

"C'est justement le problème", dit cruellement Herkimer.

Lorsque leurs pas approchèrent, Mme Rantoul se leva précipitamment, renversant sa soie et ses aiguilles sur le sol. Elle jeta à son mari un regard rapide et inquisiteur et dit avec son sourire flatteur :

"M. Herkimer, vous devez être un orateur très intéressant. Je suis assez jaloux."

"Je suis plutôt fatigué", répondit-il en s'inclinant. "Si vous voulez bien m'excuser, je vais me coucher."

"Vraiment?" dit-elle en levant les yeux. Elle lui tendit la main, et il la prit avec presque la répulsion physique avec laquelle on touche la main d'un criminel. Le lendemain matin, il est parti.

III

Quand Herkimer eut fini, il haussa les épaules, eut un bref rire et, jetant un coup d'œil à l'horloge, s'en alla de son air sec et déterminé.

"Eh bien, par Jupiter !" " dit Steinall , se remettant d'abord du charme de l'histoire, " cela ne prouve-t-il pas exactement ce que j'ai dit ? Ils sont jaloux, ils sont tous jaloux, je vous le dis, jaloux de tout ce que vous faites. Tout ce qu'ils veulent que nous fassions. c'est de les adorer. Par Jupiter, c'est vrai, Herkimer était le plus grand de nous tous. Elle l'a assassiné comme si elle lui avait mis un couteau.

"Elle l'a fait exprès", a déclaré De Gollyer . "Elle n'avait rien d'enfant non plus. Au contraire, je la considère comme une femme intelligente, diablement intelligente."

" Bien sûr qu'elle l'a fait. Ils sont tous intelligents, bon sang ! " dit Steinall de manière explosive. "Maintenant, qu'en dis-tu, Quinny ? Je dis qu'un artiste qui se marie pourrait tout aussi bien attacher une corde autour de son cou et la présenter à sa femme et en finir."

"Au contraire", dit Quinny, avec une inspiration soudaine réorganisant tout son front de bataille, "tout artiste devrait se marier. Le seul danger est qu'il puisse se marier heureux."

"Quoi?" s'écria Steinall . "Mais vous avez dit-"

"Mon cher garçon, j'ai fait germer de nouvelles idées", dit Quinny, indifférente. "L'histoire a une morale, je déteste la morale, mais celle-ci en a une. Un artiste devrait toujours se marier malheureux, et savez-vous pourquoi ? C'est purement une question de chimie. Towsey, quand travaillez-vous le mieux ?"

"Comment veux-tu dire?" » dit Towsey en se réveillant.

"Je t'ai entendu dire que tu travaillais mieux quand tes nerfs étaient à vif : une soirée, des concombres, un orage ou un soupçon de fièvre."

"Oui, c'est vrai."

"Peut -on bien travailler quand tout est calme ?" continua Quinny, triomphalement, au grand étonnement de Rankin et Steingall . "Peux-tu travailler par une belle journée de printemps, quand rien ne te dérange et que le premier du mois est en congé de deux semaines, hein ? Bien sûr que tu ne peux pas. Le bonheur est l'ennemi de l'artiste. Il endort les facultés. Le contentement est une drogue. Mes chers hommes, un artiste doit toujours être malheureux. L'état perpétuel de fermentation fait palpiter les nerfs, sensibles aux impressions. Exaltation et remords, colère et inspiration, tout mélange, action et réaction chimique, tout cela nous sommes. Nous sommes bénis quand nous sommes malheureux en ménage. L'infélicité domestique nous pousse à notre art ; le bonheur nous fait le négliger. Dois-je vous dire ce que je fais quand tout est doux, sans nerfs, sans inspiration, avec l'impression d'être gros et gonflé le dimanche. heureux, je ne peux pas travailler ? Je rentre chez moi et je me dispute avec ma femme.

"Et puis vous *pourrez* travailler", s'écria Steinall en éclatant de rire. "Par Jupiter, tu *es* immense !"

"Jamais mieux", a déclaré Quinny, qui apparaissait comme un prophète.

Les quatre artistes, qui avaient écouté l'histoire d'Herkimer dans cette dépression croissante que le sujet du mariage laissait toujours tomber sur eux, s'éclairèrent soudain visiblement. Sur leurs visages apparut l'expression d'une spéculation intérieure, puis un rayon de lumière.

Le petit Towsey, qui depuis son arrivée avait boudé, s'inquiétait et fulminait, se releva énergiquement et jeta son troisième cigare.

"Ici, où vas-tu ?" » dit Rankin en signe de protestation.

"Au studio", dit Towsey, tout à fait inconsciemment. "J'ai envie d'un peu de travail."

CENT DANS LE NOIR

Ils discutaient nonchalamment, comme le font ces groupes, cherchant dans chaque sujet un piquet sur lequel accrocher quelques épigrammes qui pourraient être racontées dans les lèvres du club : Steinall , le peintre, aux gestes fleuris et délavé, aux caractères étrangers, avec des lunettes à monture noire et un ruban de soie noire qui coupait sa barbe coupée et ses moustaches de cavalerie ; De Gollyer , un critique qui préférait se faire connaître comme un homme de la ville, petit, fiévreux, incisif, qui tuait les platitudes avec un adjectif et étiquetait une réputation avec trois ; Rankin, l'architecte, toujours dans une attitude explicative défensive, qui tenait ses coudes sur la table, ses mains devant son long nez glissant, et faisait des gestes avec ses doigts ; Quinny, l'illustrateur, long et décharné, avec une éloquence prédatrice qui chargeait irrésistiblement sur n'importe quel sujet, le coupait, l'entourait et le ratissait avec un esprit et une satire enfilés ; et Peters, dont les modes d'existence étaient un mystère, un jeune homme de cinquante ans, qui n'avait rien fait et qui connaissait tout le monde par son prénom, le facteur du club, qui portait les bavardages, les *bons mots* et les nouvelles du jour, qui rédigeait une pétition par semaine et poursuivait le comité de la maison avec un grief quotidien.

Autour du porche grillagé, qui entourait la cour sablée avec sa faible fontaine et ses futiles conifères, d'autres groupes se regardaient ou se livraient à des conversations décousues, opprimés par la lourdeur de la nuit.

A la table ronde, Quinny seul, absorbant son énergie en dévorant la conversation, après avoir mis Steinall sur les Allemands et l'archéologie et Rankin sur les origines du Notre Père, avait saisi une remarque fortuite de De Gollyer pour dire :

"Il n'existe qu'une demi-douzaine d'histoires dans le monde. Comme tout ce qui est vrai, ce n'est pas vrai." Il agita ses longs doigts goutteux en direction de Steinall , qui, réduit au silence, le regardait avec un air d'indifférence endormie. « Ce qui est plus pertinent, c'est le petit nombre de relations humaines qui sont si simples et pourtant si fondamentales qu'elles peuvent être éternellement exploitées, redressées et réinterprétées dans toutes les langues, à toutes les époques, et pourtant restent inépuisables dans la possibilité de variations."

"Par George, c'est vrai", dit Steinall en se réveillant. "Tout art remonte effectivement à trois ou quatre notes. Dans la composition, c'est la même chose. Rien de nouveau, rien de nouveau depuis mille ans. Par George, c'est vrai ! Nous n'inventons rien, rien !"

"Prenez le triangle éternel", dit précipitamment Quinny, pour ne pas abandonner son avantage, tandis que Rankin et De Gollyer , ennuyés, continuaient à regarder rêveusement une ou deux étoiles vagabondes. "Deux hommes et une femme, ou deux femmes et un homme. Il faut évidemment le classer comme le premier des grands thèmes parents originaux. Ses variations s'étendent par milliers. Au fait, Rankin, excellente opportunité, hein, pour certains d'entre eux. nos crétins modernes, minutieux et sans emploi à analyser et à classer.

"Tout à fait vrai", dit Rankin sans percevoir la note satirique. "Maintenant, il y a Fort virgule la Mort de De Maupassant - la variante la plus intéressante - qui montre le tour qu'un génie peut donner. Ici, le triangle est l'homme d' âge moyen, la mère qu'il a aimée dans sa jeunesse et la fille qu'il vient d'aimer. Elle forme, pourrait-on dire, la tête de toute une subdivision de la littérature continentale moderne. »

"Tout à fait faux, Rankin, tout à fait faux", a déclaré Quinny, qui aurait déclaré l'autre côté tout aussi impérieusement. "Ce que vous citez est une variante d'un tout autre thème, le thème de Faust : la vieillesse aspirant à la jeunesse, l'homme qui a aimé aspirant à l'amour de sa jeunesse, qui est la jeunesse elle-même. Le triangle est le thème de la jalousie, le plus destructrice et, par conséquent, la plus dramatique des passions humaines. Le thème de Faust est la plus fondamentale et la plus inévitable de toutes les expériences humaines, la tragédie de la vie elle-même.

Rankin, qui n'était jamais d'accord avec Quinny à moins que Quinny ne profite par malveillance de son annonce antérieure pour être d'accord avec lui, a continué à combattre cette idée.

" Vous croyez donc, " dit De Gollyer après un certain moment passé en cheveux coupés en quatre, " que l'origine de tous les thèmes dramatiques est simplement l'expression de quelque émotion humaine. En d'autres termes, il ne peut exister plus de thèmes parents qu'il n'y en a. sont des émotions humaines. »

"Je vous remercie, monsieur, très bien dit", dit Quinny avec un geste généreux de la main. "Pourquoi les Trois Mousquetaires sont-ils un thème fondamental ? Simplement l'interprétation de la camaraderie, l'émotion qu'un homme ressent pour un autre, vitale car c'est la seule émotion particulièrement masculine. Regardez Du Maurier et Trilby, Kipling dans Soldiers Three - tout simplement les Trois Mousquetaires. ".

"La Vie de Bohème ?" suggéra Steinall .

"Dans la vraie Vie de Bohème, oui", dit Quinny méchamment. "Pas dans les sentimentalités concoctées que nous ont maintenant servies des ténors athlétiques et des éléphants phtisiques!"

Rankin, qui avait délibéré en silence sur ce qui avait été laissé derrière lui, dit maintenant avec ruse et avec un objectif évident :

"Tout de même, je ne suis pas du tout d'accord avec vous les hommes. Je crois qu'il y a des situations, des situations originales, indépendantes de vos émotions humaines, qui existent simplement parce que ce sont des situations, accidentelles et rien d'autre."

"Comme par exemple ?" » dit Quinny, se préparant à attaquer.

"Eh bien, je vais juste citer un test ordinaire qui me vient à l'esprit", a déclaré Rankin, qui avait soigneusement sélectionné son test. « Dans un groupe de sept ou huit personnes, comme nous le sommes ici, un vol a lieu ; un homme est le voleur, lequel ? J'aimerais savoir quelle émotion cela traduit, et pourtant c'est certainement un thème original, à le fond de toute une littérature."

Ce défi était comme une bombe.

"Ce n'est pas la même chose."

« Des romans policiers, bah !

"Oh, je dis, Rankin, c'est du mélodrame littéraire."

Rankin, satisfait, sourit et fit un clin d'œil victorieux à Tommers , qui écoutait depuis une table adjacente.

" Bien sûr, votre suggestion est irrecevable, mon cher homme, dans cette mesure, " dit Quinny, qui ne se rendit jamais, " dans la mesure où je parle de fondamentaux et vous citez des détails. Néanmoins, je pourrais répondre que la situation que vous donnez , ainsi que toute l'école à laquelle il appartient, remontent à la plus commune des émotions humaines, la curiosité ; et que l'histoire de Barbe Bleue et de la Pierre de Lune sont à tous égards identiques. "

Steinall , qui avait attendu avec espoir, haleta et fit mine de quitter la table.

"Je vais reprendre votre argument," dit Quinny sans reprendre son souffle, "d'abord, parce que vous avez ouvert l'un de mes sujets favoris, et, deuxièmement, parce que cela me donne une chance de parler." Il jeta un regard oblique à Steinall et fit un clin d'œil à De Gollyer . "Quelle est la fascination particulière qu'exerce le problème policier sur l'esprit humain ? Vous direz curiosité. Oui et non. Admettez tout de suite que tout l'art d'un roman policier consiste dans l'énoncé du problème. N'importe qui peut le faire. Je peux le faire. Steingall peut même le faire. La solution ne compte pas. Elle est généralement banale, elle devrait être interdite ; et fouiller dans la rubrique des énigmes dans un ballot du dimanche. Même idée. Voilà, le problème – le roman policier. Maintenant, pourquoi cette fascination, je vais vous le dire, oui – mais plus profondément. de vanité intellectuelle. Voilà six allumettes, disposez-les pour faire quatre carrés ; il y a un vol, qui est le voleur ? il y a quelque chose à faire."

"De tout cela", a déclaré De Gollyer , "ce qui est intéressant, c'est que Rankin a fourni la raison pour laquelle l'offre de romans policiers est inépuisable. Tout se résume aux termes les plus simples. Sept possibilités, une réponse. C'est une formule ridiculement simple, mécanique, et pourtant nous la poursuivrons toujours jusqu'au bout. Le merveilleux est que les écrivains cherchent une autre formule alors qu'il y en a une si sûre qu'elle ne peut jamais échouer. usine dessus."

"La raison en est", a déclaré Rankin, "que cette situation se produit constamment. C'est une situation dans laquelle chacun d'entre nous pourrait se retrouver à tout moment. En fait, maintenant, je connais personnellement deux de ces occasions lorsque j'étais du parti. ; et c'était diablement inconfortable aussi.

"Ce qui s'est passé?" dit Steinall .

"Eh bien, il n'y a pas d'histoire particulière. Une fois, une erreur avait été commise et l'autre fois, le vrai voleur a été découvert par accident un an plus tard. Dans les deux cas, seulement un ou deux d'entre nous savaient ce qui s'était passé."

De Gollyer avait un incident similaire à retenir. Steinall , après réflexion, en raconta un autre qui était arrivé à un ami.

" Bien sûr, bien sûr, mes chers messieurs, " dit Quinny avec impatience, car il était resté trop longtemps silencieux, " vous glorifiez des lieux communs. Chaque crime, je vous le dis, s'exprime dans les termes du puzzle que vous nourrissez. votre enfant de six ans. Seule la variante est intéressante. Or, l'exemple le plus remarquable des complexités qui peuvent être développées est, bien sûr, l'exemple bien connu du visiteur d'un club et de la pièce de monnaie rare . cours tout le monde sait ça? Quoi?"

Rankin sourit d'un air ennuyé et supérieur, mais les autres protestèrent de leur ignorance.

"Eh bien, c'est très connu", dit Quinny avec légèreté.

« Un visiteur de marque est amené dans un club – une douzaine d'hommes, par exemple, présents, au dîner, à une longue table. La conversation tourne finalement autour des curiosités et des reliques. L'un des membres présents sort alors de sa poche ce qu'il annonce comme l'un des plus rares. les pièces de monnaie qui existent – les fait circuler autour de la table. La pièce circule d'un côté à l'autre, chacun l'examine, et la conversation porte sur un autre sujet, par exemple l'influence de l'automobile sur le malheur domestique, ou sur un autre sujet de club stupidement intellectuel – vous savez. ? Tout à coup, le propriétaire réclame sa pièce.

"La pièce est introuvable. Tout le monde se regarde . D'abord, ils soupçonnent une plaisanterie. Ensuite, cela devient sérieux : la pièce a une valeur immensément précieuse. Qui l'a prise ?

"Le propriétaire est un gentleman - il fait bien sûr la chose idiote et gentleman, il rit, dit qu'il sait que quelqu'un lui fait une farce et que la pièce lui sera restituée demain. Les autres refusent de quitter la situation ainsi. L'un l'homme propose qu'ils se soumettent tous à une fouille. Chacun donne son accord jusqu'à ce qu'il s'agisse de l'étranger. Il refuse, sèchement, sans donner de raison. Un silence gênant : personne ne le connaît particulièrement bien. mais il est quand même un invité. Un membre essaie de lui faire comprendre qu'aucune offense n'est proposée, que la suggestion était simplement de purifier l'atmosphère, et toute cette sorte de pourriture, vous savez.

« Je refuse qu'on fouille ma personne, dit l'inconnu, très ferme, très fier, très anglais, vous savez, et je refuse de donner la raison de mon acte. »

"Encore un silence. Les hommes le regardent puis se regardent. Que faire ? Rien. Il y a l'étiquette, ce magnifique ballon gonflé. Le visiteur a évidemment la pièce, mais il est leur hôte et l'étiquette le protège . Belle situation. , hein ?

"La table est débarrassée. Un serveur enlève un plat de fruits et là, sous le rebord de l'assiette où on l'avait poussé, se trouve la pièce de monnaie. Explication banale, hein ? Bien sûr. Il faut toujours des solutions. D'un coup chacun en abondance excuses ! Sur quoi le visiteur se lève et dit :

"'Maintenant, je peux vous donner la raison de mon refus d'être fouillé. Il n'existe que deux spécimens connus de la pièce, et le second se trouve ici dans la poche de mon gilet.'"

"Bien sûr", dit Quinny en haussant les épaules, "l'histoire est bien inventée, mais la tournure qu'elle prend est très agréable, vraiment très agréable."

"Je connaissais l'histoire", a déclaré Steinall pour être désagréable; "La fin, cependant, est trop évidente pour être inventée. Le visiteur aurait dû avoir sur lui non pas une autre pièce de monnaie, mais quelque chose de absolument différent, quelque chose de destructeur, par exemple, pour la réputation d'une femme, et une grande tragédie aurait dû être menacée par le hasard. égarement de la pièce.

"J'ai entendu la même histoire racontée d'une douzaine de manières différentes", a déclaré Rankin.

"Cela s'est produit cent fois. Cela doit se produire continuellement", a déclaré Steinall .

"Je connais un cas extraordinaire", a déclaré Peters, qui jusqu'à présent, sûr de son apogée, avait attendu avec un sourire professionnel que les gros canons se taisent. "En fait, c'est le cas le plus extraordinaire de ce genre que j'ai jamais entendu."

"Peters, espèce de petit coquin," dit Quinny avec un regard de côté, "je vois que tu nous as tranquillement laissé habiller la scène pour toi."

"Ce n'est pas une histoire qui plaira à tout le monde ", a déclaré Peters pour aiguiser l'appétit.

"Pourquoi pas?"

"Parce que tu voudras savoir ce que personne ne pourra jamais savoir."

"Il n'y a donc pas de conclusion ?"

"Oui et non. En ce qui concerne une femme, la femme la plus remarquable que j'aie jamais rencontrée, l'histoire est complète. Pour le reste, c'est comme ça, car c'est un exemple où la littérature ne peut rien faire de mieux. que d'enregistrer."

"Est-ce que je connais la femme?" demanda de Gollyer , qui se flattait de passer par toutes les classes de la société.

"Peut-être, mais pas plus que n'importe qui d' autre."

"Une actrice?"

"Ce qu'elle a été dans le passé, je ne sais pas - un promoteur la décrirait mieux. Sans aucun doute, elle a été dans les coulisses de nombreuses intrigues indicibles du monde des affaires. Une femme très féminine, et pourtant, comme vous le verrez. , avec un pouvoir de décision masculin instantané et inhabituel.

"Peters", dit Quinny en agitant un doigt d'avertissement, "vous détruisez votre histoire. Votre préface apportera un déception."

"Vous jugerez", a déclaré Peters, qui a attendu que son auditoire soit très attentif avant d'ouvrir son histoire. "Les noms sont bien sûr des déguisements."

Mme Rita Kildair habitait un charmant studio de célibataire, très élégant, de type duplex, dans l'un des immeubles juste à côté de Central Park West. Elle connaissait presque tout le monde dans cette société indescriptible de New York, composée de tous les niveaux et qui n'impose qu'une seule condition pour en faire partie : être amusant. Elle connaissait tout le monde et personne ne la connaissait. Personne ne connaissait, au-delà des rumeurs les plus vagues, son histoire ni ses moyens. Personne n'avait jamais entendu parler d'un M. Kildair . Il y avait toujours chez elle une certaine réserve défensive dès que les limites de la connaissance étaient atteintes. Elle avait une certaine somme d' argent, elle connaissait un certain nombre d'hommes dans les affaires de Wall Street et son atelier était meublé avec goût et même distinction. Elle était de n'importe quel âge. Elle aurait pu tout souffrir ou rien du tout. Dans cette société mélangée, ses invitations étaient avidement sollicitées, ses dîners étaient spontanés, et les discussions, quoique gaies et généralement audacieuses, étaient invariablement sous le contrôle de l'esprit et du bon goût.

Le dimanche soir de cette aventure, elle avait, selon son invariable habitude, renvoyé son majordome japonais et invité à un dîner informel autour d'un réchaud sept de ses amis les plus sympathiques, qui tous, autant qu'on puisse en dire de quiconque, avaient , étaient des habitués du studio.

A sept heures, après avoir fini de s'habiller, elle rangea sa chambre, qui formait une sorte de passage libre entre l'atelier et une petite salle à manger vers la cuisine au-delà. Puis, entrant dans l'atelier, elle alluma un cierge et était en train d'allumer les chandeliers de cuivre qui éclairaient la pièce lorsque trois coups retentirent à la porte et un M. Flanders, un courtier, compact, nerveusement vivant, bien soigné. , entré avec le caractère informel d'une connaissance assurée.

"Vous êtes en avance", dit Mme Kildair , surprise.

"Au contraire, vous êtes en retard", dit le courtier en jetant un coup d'œil à sa montre.

"Alors sois un bon garçon et aide-moi avec les bougies," dit-elle, lui faisant un sourire et une rapide pression de ses doigts.

Il obéit, demandant nonchalamment :

"Je dis, chère dame, qui doit être ici ce soir ?"

«Les Enos Jackson».

"Je pensais qu'ils étaient séparés."

"Pas encore."

"Très intéressant ! Vous seule, chère dame, auriez pensé à nous en servir un couple sur le point."

"C'est intéressant, n'est-ce pas ?"

"Assurément. Où as-tu connu Jackson ?"

"À travers les Warings ... Jackson est une personne plutôt douteuse, n'est-ce pas ?"

"Appelons-le comme un avocat très pointu", a déclaré Flanders sur la défensive. "Mais on me dit qu'il est du mauvais côté du marché, profondément."

"Et toi?"

"Oh, moi ? Je suis célibataire," dit-il en haussant les épaules, "et si je viens en cropper , cela ne fait aucune différence."

"Est-ce possible?" dit-elle en le regardant rapidement.

"Probablement même. Et qui d'autre vient ?"

"Maude Lille, tu la connais ?"

"Je crois que non."

"Vous l'avez rencontrée ici, une journaliste."

"Tout à fait, une étrange carrière."

"M. Harris, un membre du club, arrive, ainsi que les Stanley Cheevers."

"Les Stanley Cheevers!" » dit Flanders avec une certaine surprise. « Allons-nous jouer ? »

"Tu crois à ce scandale à propos du bridge ?"

"Certainement pas", dit Flanders en souriant. "Vous voyez, j'étais présent. Les Cheevers jouent un bon jeu, un jeu bien solidaire, et ont un système de marques inhabituel. D'ailleurs, c'est Jackson qui est très attentif à Mme Cheever, n'est-ce pas ?"

"Tout à fait vrai."

"Quelle charmante fête", dit Flanders avec désinvolture. "Et où intervient Maude Lille ?"

"Ne plaisantez pas. Elle est désespérée", a déclaré Mme Kildair , avec un peu de tristesse dans les yeux.

« Et Harris ?

"Oh, il doit préparer la salade et crémer le poulet."

"Ah, je vois tout le parti. Bien sûr, je dois ajouter l'élément de respectabilité."

"De quoi?"

Elle le regarda fixement jusqu'à ce qu'il se détourne, baissant le regard.

"Ne sois pas un con avec moi, ma chère Flandre."

"Par George, si c'était l'Europe , je parierais que vous étiez dans les services secrets, Mme Kildair ."

"Merci."

Elle sourit avec appréciation et se déplaça dans le studio pour apporter la touche finale. Les Stanley Cheevers entrèrent, un petit homme gros avec un gros visage vide et un œil lent, et sa femme, volubile, nerveuse, trop habillée et jolie. M. Harris est venu avec Maude Lille, une femme droite, brune, indienne, avec de grandes masses de cheveux sombres retenus un peu trop lâches pour être soignés, avec des lèvres épaisses et rapides et des yeux qui roulaient loin de la personne qui lui parlait. . Les Enos Jackson étaient en retard et toujours agités à leur entrée. Son front n'avait pas complètement banni l'air renfrogné, ni ses yeux le mépris. Il était du genre à ne jamais se mettre en colère, mais à faire perdre les leurs aux autres, inébranlable dans ses opinions, avec une démarche rôdeuse, un antagonisme étudié dans ses manières et un regard impudent qui s'attaquait infailliblement à la faiblesse de l'homme. dont il a parlé. Mme Jackson, qui semblait attachée à son mari par une laisse invisible, avait un côté traqué et résistant d'un certain élan désespéré, qu'elle assumait plutôt qu'elle ne ressentait dans son attitude envers la vie. On la regardait avec curiosité et on se demandait ce qu'une telle nature ferait en cas de crise, avec le sentiment caché d'une femme qui portait avec elle sa propre tragédie imminente.

Dès que la compagnie fut terminée et que l'incongruité du choix fut perçue, un sourire d'anticipation malicieuse parcourut la tournée, que l'hôtesse coupa court en disant :

"Eh bien, maintenant que tout le monde est là, voici l'ordre de la nuit : vous pouvez vous disputer autant que vous voulez, vous pouvez chuchoter tous les ragots que vous pouvez imaginer les uns sur les autres, mais chacun doit être amusant ! Aussi tout le monde doit aider au dîner : rien de formel ni rien de sérieux. Nous serons peut-être tous en faillite demain, divorcés ou morts, mais ce soir nous serons gays : telle est la règle invariable de la maison ! »

Immédiatement, un rire nerveux éclata et les bavardages de la société commencèrent à se disperser dans les pièces.

Mme Kildair , s'arrêtant dans sa chambre, enfila un tablier de cuisine semblable à celui de Watteau et, ôtant ses bagues de ses doigts, les fixa sur son coussin à épingles avec une épingle à chapeau.

"Vos bagues sont belles, ma chère, belles", dit la voix basse de Maude Lille, qui était dans la pièce avec Harris et Mme Cheever.

"Il n'y en a qu'un qui a beaucoup de valeur", dit Mme Kildair en touchant de ses doigts fins l'anneau qui se trouvait au sommet, deux gros diamants flanquant un magnifique saphir.

"C'est beau, très beau", dit la journaliste, les yeux rivés dessus avec une fascination incontrôlable. Elle étendit ses doigts et les laissa reposer avec caresse sur le saphir, les retirant rapidement comme si le contact les avait brûlés.

"Cela doit être très précieux", dit-elle, le souffle coupé. Mme Cheever, avançant, regarda soudain la bague.

"Il y a cinq mille six ans, cela coûtait", a déclaré Mme Kildair en jetant un coup d'œil. " Depuis, c'est mon talisman. Mais pour le moment, je suis cuisinière ; Maude Lille, vous êtes femme de cuisine ; Harris est le chef, et nous sommes sous ses ordres. Madame Cheever, avez-vous déjà épluché des oignons ? "

"Mon Dieu, non !" dit Mme Cheever en reculant.

"Eh bien, il n'y a pas d'oignons à éplucher", dit Mme Kildair en riant. "Il ne vous restera plus qu'à aider à mettre la table. En route vers la cuisine !"

la direction gaie de leur hôtesse, les sept invités commencèrent à circuler activement à travers les pièces, mettant la table, regroupant les chaises, ouvrant les bouteilles et préparant le matériel pour les réchauds. Mme Kildair, dans la cuisine, a fouillé la glacière, a haché de ses propres mains les *fines herbes*, a déchiqueté le poulet et a mesuré la crème.

"Flandre, apportez ceci avec précaution", dit-elle, les mains dans une serviette. "Cheever, arrête de surveiller ta femme et pose le bol à salade sur la table. Tout est prêt, Harris ? Très bien. Tout le monde s'assoit. J'arrive tout de suite."

Elle entra dans sa chambre et, se dépouillant de son tablier, l'accrocha dans le placard. Puis, se dirigeant vers sa coiffeuse, elle retira l'épingle à chapeau du coussin à épingles et glissa négligemment les bagues à ses doigts. Tout à coup, elle fronça les sourcils et regarda rapidement sa main. Il n'y avait que deux anneaux, il manquait le troisième anneau, celui avec le saphir et les deux diamants.

"Stupide", se dit-elle en retournant à sa coiffeuse. Tout à coup, elle s'arrêta. Elle se souvenait très clairement d'avoir passé l'épingle dans les trois anneaux.

Elle ne cherchait pas plus loin, mais restait immobile, ses doigts tambourinant lentement sur la table, la tête de côté, la lèvre un peu retroussée entre les dents, écoutant en fronçant les sourcils le babillage venant de l'extérieur. Qui avait pris la bague ? Chacun de ses invités avait eu une douzaine d'occasions au cours du temps où elle était occupée en cuisine.

"Trop de temps devant le miroir, chère dame", cria gaiement Flanders, qui de là où il était assis pouvait la voir.

"Ce n'est pas lui", dit-elle rapidement. Puis elle a reconsidéré. "Pourquoi pas ? Il est intelligent, qui sait ? Laisse-moi réfléchir."

Pour gagner du temps, elle rentra lentement dans la cuisine, la tête baissée, le pouce entre les dents.

"Qui l'a pris ?"

Elle a passé en revue le caractère de ses invités et leurs situations telles qu'elle les connaissait. Assez étrangement, à chaque fois son esprit s'arrêtait sur une raison qui pourrait expliquer une tentation soudaine.

«Je ne saurai rien de cette façon», se dit-elle après un moment de réflexion; "Ce n'est pas la chose importante pour moi pour le moment. L'important est de récupérer la bague."

Et lentement, délibérément, elle se mit à marcher d'avant en arrière, sa main crispée battant la mesure rythmique délibérée de son voyage.

Cinq minutes plus tard, alors que Harris, installé *en maître* au-dessus du réchaud, donnait des instructions, cuillère en l'air, Mme Kildair entra dans la pièce comme une ombre qui s'allongeait. Son entrée s'était faite avec un bruit à peine perceptible, et pourtant chaque invité s'en rendait compte au même instant, avec un petit sursaut nerveux.

« Mon Dieu, chère dame, s'écria Flanders, vous arrivez sur nous comme une tragédie grecque ! Qu'avez-vous pour nous, une surprise ?

Pendant qu'il parlait, elle tourna son rapide regard vers lui, rapprochant son front jusqu'à ce que les sourcils forment une ligne droite.

"J'ai quelque chose à vous dire", dit-elle d'un ton sec et sérieux, observant la société avec un empressement pénétrant.

Il n'y avait aucun doute sur le sérieux de sa voix. M. Harris éteignit la lampe à huile, recouvrant maladroitement le réchaud d'un bruit discordant et désagréable. Mme Cheever et Mme Enos Jackson se retournèrent brusquement, Maude Lille se leva un peu de son siège, tandis que les hommes imitaient ces mouvements d'attente avec un battement de pieds maladroit.

« M. Enos Jackson ? »

"Oui, Mme Kildair ."

"Veuillez faire ce que je vous demande."

"Certainement."

Elle avait prononcé son nom avec une positivité péremptoire qui ressemblait presque à une accusation. Il se leva calmement, haussant un peu les sourcils de surprise.

"Va vers la porte," continua-t-elle, déplaçant son regard de lui vers les autres. "Es-tu là ? Verrouillez-le. Apportez-moi la clé."

Il exécuta l'ordre sans se tromper, et revint se tenant devant elle, lui tendant la clé.

"Tu l'as verrouillé ?" dit-elle, faisant de ces mots une excuse pour enfouir son regard dans le sien.

"Comme tu le souhaitais."

"Merci."

Elle lui prit la clé et, bougeant légèrement, ferma également à clé la porte de sa chambre par laquelle elle était entrée.

Puis transférant les clés dans sa main gauche, ignorant apparemment Jackson, qui attendait toujours ses autres ordres, ses yeux étudièrent un instant les possibilités de l'appartement.

« M. Cheever ? » dit-elle à voix basse.

"Oui, Mme Kildair ."

"Soufflez toutes les bougies sauf les chandeliers sur la table."

"Éteignez les lumières, Mme Kildair ?"

"Immediatement."

M. Cheever, en se levant, rencontra le regard de sa femme, et le regard interrogateur et étonné qui passa n'échappa pas à l'hôtesse.

"Mais, ma chère Mme Kildair ," dit Mme Jackson avec une petite reprise de souffle nerveuse, "qu'est-ce qu'il y a ? Je suis terriblement énervé ! Mes nerfs..."

« Mademoiselle Lille ? » dit la voix de commandement.

"Oui."

Le journaliste, plus calme que les autres, avait suivi les débats sans surprise, comme prévenu par son instinct professionnel que quelque chose d'important était sur le point de se produire. Maintenant, elle se levait doucement, d'un mouvement presque furtif.

« Posez le candélabre sur cette table… ici », dit Mme Kildair en désignant une grande table ronde sur laquelle étaient regroupés quelques livres. "Non, attendez. M. Jackson, débarrassez d'abord la table. Je ne veux rien dessus."

"Mais, Mme Kildair …" commença à nouveau la voix aiguë de Mme Jackson.

"C'est tout. Maintenant, posez le candélabre."

En un instant, alors que M. Cheever poursuivait méthodiquement ses courses, le brillant feu croisé des lumières tomba dans le studio, seules quelques mèches fumantes clignotaient sur les murs, tandis que la pièce haute semblait s'éloigner à mesure qu'elle tombait sous la seule domination. des trois bougies encerclées d'argent au bout de la table en acajou nu.

"Maintenant écoute!" dit Mme Kildair , et sa voix avait une note froide. "Ma bague en saphir vient d'être volée."

Elle le dit brusquement, lançant la nouvelle entre eux et attendant comme un furet quelques indications dans le refrain qui éclatait.

"Volé!"

"Oh, ma chère Mme Kildair !"

"Volé... par Jupiter !"

"Tu ne le penses pas!"

"Quoi ! Volé ici... ce soir ?"

"La bague a été prise au cours des vingt dernières minutes", a poursuivi Mme Kildair du même ton déterminé et ciselé. "Je ne vais pas mâcher mes mots. La bague a été prise et le voleur est parmi vous."

Pendant un instant, on n'entendit rien d'autre qu'un halètement indescriptible et un brusque retournement et recherche, puis soudain les basses profondes de Cheever éclatèrent :

"Volé ! Mais, Mme Kildair , est-ce possible ?"

"Exactement. Il n'y a pas le moindre doute", a déclaré Mme Kildair . "Vous étiez trois dans ma chambre lorsque j'ai posé mes bagues sur la pelote à épingles. Chacun de vous est passé par là une douzaine de fois depuis. Ma bague en saphir a disparu et l'un de vous l'a prise."

Mme Jackson poussa un petit cri et chercha lourdement un verre d'eau. Mme Cheever dit quelque chose d'inarticulé dans un accès d'exclamation masculine. Seule la voix calme de Maude Lille disait :

"C'est tout à fait vrai. J'étais dans la pièce quand tu les as enlevés. La bague en saphir était sur le dessus."

"Maintenant écoute!" dit Mme Kildair , les yeux rivés sur ceux de Maude Lille. "Je ne vais pas mâcher mes mots. Je ne vais pas faire de cérémonie. Je vais récupérer cette bague. Écoutez-moi attentivement. Je vais récupérer cette bague, et jusqu'à ce que je le fasse, pas un âme quittera cette pièce. Elle tapota sur la table avec ses jointures nerveuses. "Qui l'a pris, je me fiche de le savoir. Tout ce que je veux, c'est ma bague. Maintenant, je vais permettre à celui qui l'a pris de la restituer sans possibilité de détection. Les portes sont verrouillées et resteront verrouillées. Je je vais éteindre les lumières, et je vais compter cent lentement. Vous serez dans l'obscurité totale ; personne ne saura ni ne verra ce qui se passe. Mais si à la fin de ce temps, l'anneau n'est pas là. table, je vais téléphoner à la police et faire fouiller toutes les personnes présentes dans cette pièce. Ai-je bien compris ? »

Tout à coup, elle coupa court à l'explosion nerveuse des suggestions et reprit de la même voix ferme :

" Tout le monde prendre place à table. C'est ça. Cela fera l'affaire."

Les femmes, à l'exception de l'impénétrable Maude Lille, regardaient hystériquement face à face tandis que les hommes, serrant leurs doigts, les verrouillant ou saisissant leur menton, regardaient fixement leur hôtesse.

Mme Kildair , s'étant tranquillement assurée que tout le monde était disposé comme elle le souhaitait, souffla deux des trois bougies.

"J'en compterai cent, ni plus, ni moins", dit-elle. "Soit je récupère cette bague, soit tout le monde dans cette pièce doit être fouillé, souviens-toi."

Se penchant, elle souffla la bougie restante et l'éteignit.

"Un deux trois quatre cinq-"

Elle se mit à compter avec la régularité inexorable du tic-tac d'une horloge.

Dans la pièce, chaque bruit était distinct, le bruissement d'une robe, le grincement d'une chaussure, la respiration profonde et légèrement asthmatique d'un homme.

"Vingt, vingt et un, vingt-deux, vingt-trois—"

Elle continuait à compter, tandis que dans la note méthodique et invariable de sa voix il y avait une réitération rauque qui commençait à affecter la compagnie. Une légère respiration haletante, incontrôlable, presque au bord de l'hystérie, se fit entendre, et un homme s'éclaircit nerveusement la gorge.

"Quarante-cinq, quarante-six, quarante-sept—"

Il ne s'était toujours rien passé. Mme Kildair ne variait pas du tout sa mesure, seul le son devenait plus métallique.

"Soixante-six, soixante-sept, soixante-huit, soixante-neuf et soixante-dix—"

Quelqu'un avait soupiré.

"Soixante-treize, soixante-quatorze, soixante-quinze, soixante-seize, soixante-dix-sept—"

Tout à coup, claire, indubitable, sur le plan sonore de la table se fit entendre une légère note métallique.

"L'anneau!"

C'était la voix vive de Maude Lille qui avait parlé. Mme Kildair a continué à compter.

"Quatre-vingt-neuf, quatre-vingt-dix, quatre-vingt-onze—"

La tension est devenue insupportable. Deux ou trois voix s'élevèrent contre la prolongation inutile des tortures.

"Quatre-vingt-seize, quatre-vingt-dix-sept, quatre-vingt-dix-huit, quatre-vingt-dix-neuf et cent."

Une allumette jaillit dans la main de Mme Kildair et, à l'instant même, la compagnie se pencha en avant. Au centre de la table se trouvait la bague étincelante en saphir et diamant. Des bougies étaient allumées, flamboyantes comme des projecteurs sur les visages blancs accusateurs.

"M. Cheever, vous pouvez me le donner", a déclaré Mme Kildair . Elle lui tendit la main sans trembler, avec un sourire de triomphe sur son visage, qui eut un instant une expression de cruauté positive.

Immédiatement, elle changea, contemplant avec amusement l'horreur de ses invités, les regardant aveuglément les uns les autres, voyant le regard indéfinissable d'interrogation qui passait de Cheever à Mme Cheever, de Mme Jackson à son mari, puis sans émotion elle dit :

"Maintenant que c'est fini, nous pouvons faire un petit souper très gai."

Lorsque Peters eut repoussé sa chaise, satisfait comme seul un conteur expérimenté peut l'être du silence d'un auditoire difficile, et s'était occupé d'un cigare, il y eut un tollé instantané.

"Je dis, Peters, mon vieux, ce n'est pas tout !"

"Absolument."

« L'histoire s'arrête là ?

"Cela met fin à l'histoire."

"Mais qui a pris la bague ?"

Peters tendit les mains dans un geste vide.

"Quoi ! On ne l'a jamais découvert ?"

"Jamais."

"Aucune idée?"

"Aucun."

"Je n'aime pas l'histoire", a déclaré De Gollyer .

"Ce n'est pas une histoire du tout", a déclaré Steinall .

« Permettez-moi », dit Quinny d'une manière didactique ; "C'est une histoire, et elle est complète. En fait, je la considère comme unique car elle n'a aucune des banalités d'une solution et laisse le problème encore plus confus qu'au début."

"Je ne vois pas..." commença Rankin.

" Bien sûr que non, mon cher homme, " dit Quinny d'un ton écrasant. "Vous ne voyez pas qu'une solution quelconque serait banale, alors qu'aucune solution ne laisse un problème intellectuel extraordinaire."

"Comment ça?"

"En premier lieu", dit Quinny, se préparant à annexer le sujet, "que la situation se soit réellement produite ou non, ce qui est en soi une simple trivialité, Peters l'a construite d'une manière magistrale, ce dont la preuve est qu'il a m'a fait écouter. Observez, chaque personne présente aurait pu prendre la bague : Flanders, un courtier, vient d'arriver, Maude Lille, une femme en lambeaux dans des conditions désespérées, soit M. et Mme Cheever, soupçonnés de ; étant des cartes tranchantes – un très bon toucher, Peters, lorsque le mari et la femme se regardèrent involontairement à la fin – M. Enos Jackson, un avocat avisé, ou même sa femme sur le point de divorcer, à propos de laquelle, très intelligemment ; , Peters n'a rien dit du tout qui le rende le plus méfiant de tous. Il y a donc sept solutions, toutes possibles et toutes logiques. Mais au-delà de cela, il reste un grand problème intellectuel.

"Comment ça?"

" Était-ce une action féminine ou masculine de restaurer la bague lorsqu'elle était menacée d'une fouille, sachant que l' astucieux stratagème de Mme Kildair consistant à plonger la pièce dans le noir rendait la détection impossible ? Était-ce une femme qui n'avait pas le courage nécessaire pour continuer, ou Est-ce un homme qui s'est repenti de sa première impulsion ? L'homme ou la femme est-il le plus grand criminel naturel ?

"Bien sûr, c'est une femme qui l'a pris", a déclaré Rankin.

"Au contraire, c'était un homme", a déclaré Steinall , "car la deuxième action a été plus difficile que la première."

"Un homme, certainement", a déclaré De Gollyer . "La restauration de l'anneau était une décision logique."

"Vous voyez," dit Quinny triomphalement, "personnellement, j'incline vers une femme parce qu'une nature féminine plus faible est particulièrement sensible à la domination de son propre sexe. Et voilà. Nous pourrions nous rencontrer et débattre du sujet année après année. et je ne suis jamais d'accord."

"Je reconnais la plupart des personnages", a déclaré De Gollyer avec un petit sourire confidentiel à l'égard de Peters. "Mme Kildair , bien sûr, c'est tout ce que vous dites d'elle : une femme extraordinaire. L'histoire est tout à fait caractéristique d'elle. Flandre, je n'en suis pas sûr, mais je pense que je le connais."

"Est-ce que c'est vraiment arrivé ?" » demanda Rankin, qui avait toujours adopté le point de vue banal.

"Exactement comme je l'ai dit ", a déclaré Peters.

"Le seul que je ne reconnais pas, c'est Harris", dit pensivement De Gollyer .

"Votre humble serviteur", dit Peters en souriant.

Les quatre levèrent soudain les yeux avec un petit sursaut.

"Quoi!" dit Quinny, brusquement confuse. "Tu—tu étais là ?"

"J'étais là."

Les quatre continuaient de le regarder sans parler, chacun absorbé dans ses pensées, avec un malaise soudain.

Un employé du club avec une fiche téléphonique sur un plateau s'est arrêté à côté de Peters. Il s'excusa et longea le porche, passant de table en table.

"Curieux gars", dit De Gollyer d'un ton pensif.

"Extraordinaire."

Le mot fut comme un murmure dans le groupe de quatre, qui continuaient à regarder disparaître en silence la silhouette soignée de Peters, sans se regarder — avec une certaine gêne.

UNE COMÉDIE POUR LES FEMMES

A six heures et demie de Wall Street, Jack Lightbody entra dans son appartement, appela sa femme par son nom et ne reçut aucune réponse.

"Bonjour, c'est drôle", pensa-t-il et, sonnant, il demanda à la femme de chambre : "Est-ce que Mme Lightbody est sortie ?"

"Il y a environ une heure, monsieur."

"C'est étrange. A-t-elle laissé un message ?"

"Non monsieur."

"Ça ne lui ressemble pas. Je me demande ce qui s'est passé."

À ce moment, son regard tomba sur une boîte à chapeau ouverte aux proportions gigantesques, éclipsant une mince table du salon.

"Quand est-ce arrivé ?"

"Vers quatre heures, monsieur."

Il entra, jetant un coup d'œil dans la boîte vide avec un sourire de satisfaction et de compréhension.

"Ça y est, elle s'est précipitée pour le montrer à quelqu'un ", dit-il en jetant un regard à moitié vindicatif vers la boîte. "Eh bien, ça coûte 175 $, et je n'ai pas mon costume d'hiver, mais j'ai un peu de paix."

Il se rendit dans sa chambre, se préparant d'un air rebelle à s'habiller pour le dîner et le théâtre auquel on lui avait ordonné de se rendre.

"Par George, si je revenais tard, est-ce que je ne l'attraperais pas ?" » dit-il avec une certaine irritation, en enfilant ses vêtements de soirée et en regardant d'un œil critique son reflet plutôt discret dans le verre. "Jim me dit que je suis dans une ornière, que je suis d'âge moyen et que je montre mes signes d'usure. Peut-être." Il passa la main sur la joue ridée et fronça les sourcils. "Je me suis un peu éloigné... vie sédentaire... six ans. Ça vous arrange. Bonjour ! sept quarts. Très étrange !"

Il enfila une robe de chambre lilas qui lui avait été imposée le jour de son dernier anniversaire et retourna avec inquiétude dans la salle à manger.

"Pourquoi ne téléphone-t-elle pas ?" il pensait; "C'est sa propre fête, une de ces pièces à problèmes infernales que je déteste. Je ne voulais pas y aller."

La porte s'ouvrit et la servante entra. Sur le plateau se trouvait une lettre.

"Pour moi?" dit-il, surpris. « Par messager ?

"Oui Monsieur."

Il signa le bordereau en jetant un coup d'œil à l'enveloppe. C'était de la main de sa femme.

"Marguerite !" dit-il soudain.

"Oui Monsieur."

« Le garçon attend une réponse, n'est-ce pas ?

"Non monsieur."

Il resta un moment dans une inquiétude vide, jusqu'à ce que, soudain conscient qu'elle attendait, il la renvoya d'un ton brusque :

"Oh très bien."

Puis il resta près de la table, regardant l'enveloppe qu'il n'ouvrait pas, entendant le bruit de la porte extérieure qui se fermait et le passage de la bonne dans le couloir.

"Pourquoi n'a-t-elle pas téléphoné ?" dit-il lentement à voix haute.

Il regarda à nouveau la lettre. Il n'avait commis aucune erreur. C'était de sa femme.

"Si elle est repartie sur un coup de tête", dit-il avec colère, "par George, je ne le supporterai pas."

Puis, insérant négligemment un doigt, il brisa la couverture et parcourut précipitamment la lettre :

Ma chère Jackie :

Quand tu auras lu ceci, je t'aurai quitté pour toujours. Oublie-moi et

essayez de pardonner. Depuis six ans que nous vivons ensemble, vous avez

j'ai toujours été gentil avec moi. Mais Jack, il y a quelque chose que nous ne pouvons pas donner

ou à emporter, et parce que quelqu'un est venu qui a gagné cela, je suis

te quitter. Je suis désolé, Jackie, je suis désolé.

Irène.

Après avoir lu ceci une fois avec incrédulité, il le relut aussitôt, s'approchant de la lampe, la posant sur la table et pressant ses poings contre sa tempe, pour concentrer tout son esprit.

"C'est une blague", dit-il à voix haute.

Il se releva en trébuchant un peu et s'aidant de son bras, s'appuyant contre le mur, entra dans sa chambre et ouvrit le tiroir où devait se trouver son écrin. C'était parti.

"Alors c'est vrai", dit-il solennellement. "C'est fini. Que dois-je faire ?"

Il se dirigea vers son armoire, regarda les patères vacantes, répétant :

"Que dois-je faire?"

Il retourna lentement au salon jusqu'au bureau près de la lampe, où la chose haineuse le regardait fixement.

"Que dois-je faire?"

Tout à coup, il frappa du poing le bureau et un cri jaillit de lui :

"Déshonoré, je suis déshonoré !"

Sa tête était brûlante, son souffle était court, haletant de rage. Il frappa la lettre encore et encore, puis soudain, frénétiquement, il commença à se précipiter d'avant en arrière en répétant :

"Déshonoré... déshonoré !"

Tout à coup, un moment de clarté lui vint avec un frisson de glace. Il s'est arrêté, est allé au téléphone et a appelé le Racquet Club en disant :

"M. De Gollyer au téléphone."

Puis il regarda sa main et découvrit qu'il tenait toujours une brosse à cheveux oubliée. Avec un cri devant le grotesque de la chose, il la jeta loin de lui, la regardant sauter sur le sol ciré. La voix de De Gollyer l'appelait.

"C'est toi, Jim ?" » dit-il en se redressant. « Viens... viens à moi tout de suite... vite !

Il n'aurait pas pu en dire plus. Il laissa tomber le combiné, renversant le support, et recommença à arpenter le sol en cage.

Dix minutes plus tard, De Gollyer se glissait nerveusement dans la pièce. C'était un furet rapide et instinctif, pour qui la vie cachée de la ville n'avait aucun mystère ; qui comprenait également les ombres qui glissent dans la rue et les masques qui passent dans des voitures luxueuses. D'un seul coup d'œil, il avait saisi le désordre qui régnait dans la pièce et l'agitation chez son ami. Il avança d'un pas, posa son chapeau en équilibre sur le bureau, aperçut la lettre froissée et, s'éclaircissant la gorge, recula, les sourcils froncés et alerte, correctement préparé à toute situation.

Corps de Lumière, sans paraître s'apercevoir de son arrivée, continuait son voyage aveugle, pressant de temps en temps ses poings contre sa gorge pour étouffer l'excès d'émotions qui, dans les dernières minutes, avaient hébété ses perceptions et le laissaient lutter inerte contre un monde informe. douleur. Tout à coup, il s'arrêta, étendit les bras et s'écria :

"Elle est partie!"

De Gollyer ne s'est pas immédiatement saisi de la situation.

"Parti ! Qui est parti ?" » dit-il avec un redressement nerveux et saccadé de la tête, tandis que son regard cherchait immédiatement la vue à travers la porte pour s'assurer qu'aucune tierce personne n'était présente.

Mais Lightbody, inconscient de tout sauf de son propre chagrin, se battait d'avant en arrière, répétant machinalement, avec *un saccade croissante* :

"Parti, parti !"

"Qui où?"

D'un mouvement brusque, De Gollyer attrapa son ami par l'épaule et lui fit face comme un vilain enfant en s'écriant : « Tiens, dis-je, mon vieux, prépare-toi ! Relève tes épaules, respire longuement !

Avec un violent arrachement, Lightbody se libéra, tandis qu'une main se rejetait en arrière de manière suppliante, implorant du temps pour maîtriser l'émotion qui éclatait dans le cri :

"Parti pour toujours!"

"Par jupiter!" » dit De Gollyer , soudain éclairé, et la pensée lui traversa l'esprit : « Il y a eu un accident, quelque chose de mortel. Dur, diaboliquement dur.

Il jeta un regard furtif vers les chambres, puis un regard alarmé vers son ami, debout dans l'embrasure des fenêtres, appuyant son front contre les vitres.

Soudain, Lightbody se tourna et, se dirigeant brusquement vers le bureau, s'appuya lourdement sur un bras, soulevant la lettre en deux vains efforts. Un spasme de douleur traversa ses lèvres, qui seul ne pouvait être contrôlé. Il tourna précipitamment la tête, moitié offrant, moitié laissant tomber la lettre, et se tournant vers un fauteuil, où il s'effondra en répétant inarticulément :

"Pour toujours!"

"Qui ? Quoi ? Qui est parti ?" s'exclama De Gollyer , déconcerté par l'apparition d'une lettre. « Mon Dieu, mon cher garçon, que s'est-il passé ? Qui est parti ?

Alors Lightbody, au prix d'un immense effort, répondit :

"Irène, ma femme !"

Et d'un mouvement rapide, il couvrit ses yeux, enfonçant ses doigts dans sa chair.

De Gollyer , se jetant sur la lettre, lut :

Ma chère Jackie : Quand tu liras ceci, je t'aurai quitté pour toujours...

Puis il s'arrêta avec une exclamation et tourna précipitamment la page pour la signature.

"Lire!" » dit Lightbody d'une voix étouffée.

"Je dis que c'est grave, diablement sérieux", a déclaré De Gollyer , maintenant complètement étonné. Immédiatement, il commença à lire, en insistant inconsciemment sur les mots emphatiques – une petite astuce de son énonciation.

Lorsque Lightbody avait entendu de la voix d'un autre le message qui était écrit devant ses yeux, d'un seul coup, toutes les impulsions de son cerveau ont convergé en une seule. Il se leva d'un bond, parlant maintenant en syllabes rapides et distinctes, balayant la pièce avec la fureur de ses bras.

"Je les trouverai ; par Dieu, je les trouverai. Je les traquerai. Je les suivrai. Je les traquerai — n'importe où — jusqu'au bout de la terre — et quand je les trouverai... "

De Gollyer , profondément affligé par une telle scène, tenta en vain de l'arrêter.

"Je les retrouverai, si je meurs pour cela ! Je les abattrai. Je les abattrai comme des chiens ! Je le ferai, par tout ce qui est sacré, je le ferai ! Je les massacrerai ! Je tirerai descendez-les, là à mes pieds, roulant à mes pieds ! »

Tout à coup, il sentit un poids sur son bras et entendit de Gollyer dire en vain :

"Cher garçon, sois calme, sois calme."

"Calme!" » s'écria-t-il en poussant un cri, sa colère se concentrant soudain sur son ami, « Calme ! Je ne serai pas calme ! Quoi ! Je reviens – esclave toute la journée, esclave pour elle – je reviens l'emmener dîner où elle veut. aller... à la pièce qu'elle veut voir, et je trouve... rien... cette lettre... cette bombe... ce coup de foudre Tout est parti... ma maison brisée... mon nom déshonoré... ma vie entière ruinée Et tu dis sois calme... sois ! calmez-vous, soyez calme ! »

Puis, craignant l'hystérie qui s'emparait de lui, il se laissa tomber violemment dans un fauteuil et se couvrit le visage.

Lors de cet éclat, De Gollyer avait délibérément retiré ses gants, les avait pliés et placés dans sa poche poitrine. Sa réputation d'omniscience sociale avait été acquise grâce au simple expédient de ne jamais être convaincu. Dès que la véritable situation fut dévoilée, un léger sourire sceptique flotta sur ses lèvres fines et bavardes, et, en regardant son vieil ami, il ne sentit pas désagréablement quelque chose de comique dans les attitudes de chagrin. Il fit un ou deux faux départs, boutonnant son pan coupé, puis dit d'une voix volontairement plus haute :

"Mon cher vieux, il faut réfléchir, il faut bien réfléchir à ce qu'il faut faire."

"Il n'y a qu'une chose à faire", cria Lightbody d'une voix de tonnerre.

"Permettez-moi!"

"Tue-les!"

"Un moment!"

De Gollyer , maître de lui-même, sans jamais abandonner son plaisir critique, adoucit sa voix jusqu'à cette note maîtrisée qui est la plus efficace pour s'opposer à la frénésie.

"Asseyez-vous, venez maintenant, asseyez-vous !"

Lightbody a résisté.

"Asseyez-vous, voilà... venez... vous m'avez appelé. Voulez-vous mon conseil ? Vraiment ? Eh bien, calmez-vous. Voulez-vous m'écouter ?"

"Je suis silencieux", dit Lightbody, soudainement soumis. La frénésie de sa rage passa, mais pour rendre sa résolution encore plus impressionnante, il tendit le bras et dit lentement :

"Mais rappelez-vous, ma décision est prise. Je ne bougerai pas. Je les abattrai comme des chiens ! Vous voyez, je dis doucement, comme des chiens !"

"Mon cher vieux copain," dit de Gollyer avec un haussement d'épaules bien élevé, "tu ne feras rien de tel. Nous sommes des hommes du monde, mon garçon, des hommes du monde. Le tir est archaïque, car les campagnes. Nous avons bien progressé : les hommes du monde ne tirent plus . »

"Je l'ai dit à voix basse", dit Lightbody, qui s'aperçut, non sans surprise, qu'il n'était plus à la même température. Mais il conclut avec une conviction normale : "Je les tuerai tous les deux, c'est tout. Je le dis doucement."

Cela donna à De Golyer un certain moment d'exhortation dont il profita pour chercher à réduire davantage la tension dramatique.

" Mon cher vieux copain, en fait, tout ce que je dis, c'est : réfléchis d'abord et tire après. En premier lieu, suppose que tu en tues un ou les deux et que tu ne te fasses pas tuer toi-même, car tu sais, mon cher garçon, que diable. est-ce que cela arrive parfois. Alors ? La justice est si languissante de nos jours. Il vous faudrait certainement vivre pendant six, huit, peut-être dix mois, dans une prison humide et pleine de courants d'air, sans exercice, dans une société abominablement cuite et limitée. traduit en justice. Un jury – un jury émotif – peut vous donner quelques années de prison. C'est un autre risque. Vous voyez que vous buvez des cocktails , vous serez amené à passer pour une personne totalement inapte à vivre.

Lightbody, avec un mouvement d'irritation, déplaça la prise de ses doigts.

"En fait, supposons que vous soyez acquitté, que se passera-t-il alors ? Vous en ressortez, d'âge moyen, dyspeptique, peut-être rhumatismal - sans nerfs. Votre photo figure dans tous les journaux aux côtés des inventeurs de chaussures et de corsets. Vous ne pouvez pas être acquitté. invité à dîner ou à des fêtes, n'est-ce pas ? En fait, vous disparaîtrez quelque part ou vous attarderez et serez abattu par le frère, qui à son tour, dès qu'il sera acquitté, devra être abattu par votre frère, et cetera, et cetera ! *Voilà !* Qu'auras-tu gagné ? »

» Il cessa, très content : il s'était convaincu.

Lightbody, qui avait eu le temps d'avoir honte de l'émotion que lui, en tant qu'homme, avait manifestée à une autre de son sexe, se leva et dit avec dignité :

"J'aurai vengé mon honneur."

De Gollyer , comprenant aussitôt que la bataille était gagnée, reprit dans une attaque facile sa batterie de mots.

"En publiant votre déshonneur en Europe, en Afrique, en Asie ? C'est logique, n'est-ce pas ? Non, non, mon cher vieux Jack, vous ne le ferez pas. Vous ne serez pas un imbécile. Gardez la tête froide, mon vieux ! Regardons les choses d'une manière raisonnable : en tant qu'hommes du monde, vous ne pouvez pas la ramener, n'est-ce pas ?

A ce rappel, submergé par le sentiment vibrant de perte, Lightbody se tourna brusquement, n'étant plus maître de lui-même, et se dirigeant précipitamment vers les fenêtres, cria violemment :

"Disparu!"

Sur les lèvres satisfaites de De Gollyer, le même sourire ironique revint.

"Je dis, en fait, je ne m'en doutais pas, tu... tu t'en souciais tellement."

"Je l'adorais !"

D'un mouvement rapide, Lightbody se tourna. Ses yeux brillèrent. Il ne se souciait plus de ce qu'il révélait. Il se mit à parler de manière incohérente, étouffant à chaque instant un sanglot.

"Je l'ai adorée. C'était merveilleux. Rien de tel. Je l'ai adorée dès le moment où je l'ai rencontrée. C'était ça... l'adoration... une femme au monde... une femme... je l'adorais !"

Le lutin de l'ironie continuait à jouer avec les yeux et les lèvres légèrement tremblantes de De Gollyer .

"Tout à fait, tout à fait", dit-il. " Bien sûr que tu sais, mon cher garçon, tu n'as pas toujours été aussi... si seul... autrefois... tu me surprends."

Le souvenir de sa romance effaça d'un seul coup l'amertume de Lightbody. Il revint, s'assit, opprimé, écrasé.

« Vous savez, Jim, » dit-il solennellement, « elle n'a jamais fait ça, jamais au monde, pas de son plein gré, jamais dans son bon sens. Elle a été hypnotisée, quelqu'un l'a mise sous son pouvoir – un scélérat. Non, je ne lui ferai pas de mal, je ne lui blesserai pas un cheveu de la tête, mais quand je *le rencontrerai* ... "

« Au fait, qui soupçonnez-vous ? dit De Gollyer , qui avait longtemps retenu la question.

"Qui ? Qui est-ce que je soupçonne ?" s'exclama Lightbody, stupéfait. "Je ne sais pas."

"Impossible!"

"Comment puis-je le savoir ? Je n'ai jamais douté d'elle une seule minute."

"Oui, oui, toujours ?"

"Qui est-ce que je soupçonne ? Je ne sais pas." Il s'arrêta et réfléchit. "C'est peut-être... trois hommes."

"Trois hommes!" s'écria De Gollyer , qui sourit comme seul un célibataire peut sourire en un pareil moment.

« Je ne sais pas lequel... comment le saurais-je ? Mais quand je le saurai... quand je le rencontrerai ! Je l'épargnerai... mais... mais quand nous nous rencontrerons... nous deux... quand mes mains seront sur sa gorge... »

Il était de nouveau debout, la rage du déshonneur prête à éclater. De Gollyer , l'entourant de ses bras, le rappela avec une sévérité brusque et militaire.

"Restez stable, encore stable, cher vieux garçon. Ressaisissez-vous maintenant, reprenez-vous."

"Jim, c'est horrible !"

"C'est dur, très dur !"

"D'un ciel dégagé, tout a disparu !"

"Allons, marchez un peu, ça vous fera du bien."

Lightbody obéit, verrouillant ses bras derrière son dos, les yeux rivés sur le sol.

"Tout est réduit en miettes !"

"Tu l'adorais ?" demanda De Golyer d'un ton indéfinissable.

"Je l'adorais !" répondit Lightbody de manière explosive.

"Vraiment maintenant?"

"Je l'adorais. Il ne reste plus rien maintenant, rien, rien."

"Constant."

Lightbody, à la fenêtre, fit un nouvel effort, se retint et dit, comme on renonce à un héritage :

"Tu as raison, Jim, mais c'est difficile."

"Bon esprit, bien, bien, très bien !" commenta De Gollyer avec un enthousiasme critique, "rien de public, hein ? Pas de scandale, pas notre classe. Hommes du monde. Pas de fusillade ! Les gens ne tirent plus. C'est une réforme, vous savez, pour la préservation des célibataires."

L'effort, le renoncement à sa juste vengeance, avait épuisé Lightbody, qui se retourna et revint, tendant les mains pour se stabiliser.

" Ce n'est pas ça, c'est, c'est... " Soudain ses doigts rencontrèrent sur la table une paire de gants, les gants de sa femme, oubliés là. Il les releva, les tint dans sa paume ouverte, jeta un coup d'œil à De Gollyer et, les laissant tomber, soudain incapable de continuer, détourna la tête.

"Prenez le temps, respirez bien", dit de Gollyer d'un ton militaire, "remplissez vos poumons. Splendide ! C'est tout."

Lightbody, s'asseyant au bureau, tira avec lassitude les gants vers lui, regardant fixement les doigts parfumés écrasés.

"Eh bien, Jim," dit-il finalement, "je l'adore tellement - si elle peut être plus heureuse - plus heureuse avec un autre - si cela la rendra plus heureuse que je ne peux la rendre - eh bien, je me retirerai, je ferai pas de problème, juste pour elle, juste pour ce qu'elle a fait pour moi.

Les derniers mots furent à peine entendus. Cette fois, malgré lui, De Gollyer fut terriblement touché.

"Superbe ! Par George, c'est du courage !"

Lightbody leva la tête avec la fatigue de la lutte et la fierté de la victoire inscrites dessus.

"Son bonheur d'abord", dit-il simplement.

L'accent avec lequel il a été prononcé a presque convaincu De Gollyer .

"Par Jupiter, tu l'adores !"

"Je l'adore", dit Lightbody en se levant. Cette fois, ce n'était pas une explosion, mais un souffle, un écho profond venant de l'âme. Il regardait fixement son ami. "Tu as raison, Jim. Tu as raison. Ce n'est pas notre cours. Je vais y faire face. Il n'y aura pas de scandale. Personne ne le saura."

Leurs mains rencontrèrent un mouvement instinctif. Puis, touché par la ferveur de l'admiration de son ami, Lightbody s'éloigna avec lassitude, disant d'une voix sourde et d'un souffle :

"Comme un coup de tonnerre, Jim."

"Je sais, cher vieux garçon", a déclaré De Gollyer , se sentant extrêmement vulnérable aux yeux et à la gorge.

"C'est terrible, c'est affreux. Tout en une seconde ! Tout a basculé, tout s'est brisé !"

"Vous devez partir", dit anxieusement De Gollyer .

"Ma vie entière a été détruite", a poursuivi Lightbody sans l'entendre, "il ne reste plus rien, pas la moindre chose, la plus méchante!"

"Cher garçon, tu dois partir."

"Hier soir encore, elle était assise ici, et moi là, en train de lire un livre." Il s'arrêta et tendit la main. "Ce livre!"

"Jack, tu dois partir un moment."

"Quoi?"

"S'en aller!"

"Oh, oui, oui. Je suppose. Je m'en fiche."

Appuyé contre le bureau, il regardait le tapis, mentalement et physiquement inerte.

De Gollyer , revenant à sa nature, dit aussitôt : « Je dis, cher vieux, c'est terriblement délicat, mais je voudrais être franc, de l'épaule… de fond en comble, ça vous dérange ?

"Quoi non."

Voyant que Lightbody n'avait écouté qu'à moitié, De Gollyer parla avec une certaine hésitation :

" Bien sûr, c'est diaboliquement impudent. Je vais vous offenser terriblement. Mais, dis-je, maintenant, en fait, étiez-vous vraiment si… si séraphiquement heureux ? "

"Qu'est ce que c'est?"

"En fait," dit De Gollyer changeant instantanément sa note, "vous étiez heureux, *terriblement* heureux, *toujours* heureux, n'est-ce pas ?"

Lightbody était indigné.

"Oh, comment peux-tu, à un tel moment ?"

La nouvelle émotion lui rendit son élasticité physique. Il se mit à faire les cent pas, déclamant à son ami : « J'étais heureux, *idéalement* heureux. Je n'ai jamais eu une pensée, pas une seule, pour autre chose. Je lui ai tout donné. J'ai fait tout ce qu'elle voulait. Il n'y a jamais eu un mot. entre nous. C'était *idéal* "

De Gollyer , un peu honteux, évitant son regard furieux, dit précipitamment :

"Alors, donc, j'avais tout à fait tort. Je vous demande pardon."

" *Idéalement* heureux ", continua Lightbody avec plus d'insistance. "Nous avions les mêmes pensées, les mêmes goûts, nous lisions les mêmes livres. Elle avait un esprit, un esprit merveilleux. C'était une union *idéale* ."

« Bon sang, je me trompe peut-être », pensa De Gollyer . Il croisa les bras, hocha la tête et, cette fois, ce fut avec la plus profonde conviction qu'il répéta :

"Tu l'adorais."

"Je l' *adorais* ", a déclaré Lightbody avec une voix sonnante. "Pas un mot contre elle, pas un mot. Ce n'était pas sa faute. Je sais que ce n'est pas sa faute."

"Vous devez partir", dit De Gollyer en lui touchant l'épaule.

"Oh, je dois le faire ! Je ne pouvais pas le supporter ici, dans cette pièce", dit amèrement Lightbody. Ses doigts erraient légèrement sur les objets familiers sur le bureau, reculant à chaque contact enflammé. Il s'est assis. "Tu as raison, je dois m'enfuir."

"Vous êtes terriblement touché, n'est-ce pas ?"

"Oh, Jim !"

La main de Lightbody se referma sur le livre et il l'ouvrit machinalement dans l'effort de maîtriser le souvenir. "Ce livre, nous le lisions ensemble hier soir."

"Jack, regarde ici", dit De Gollyer , soudainement désintéressé devant un si grand chagrin, "tu dois être ressaisi, mon garçon, ressaisi. Je vais te dire ce que je vais faire. Tu vas descendez tout de suite. On va s'occuper de vous. Je vais vous emmener.

Lightbody lui tendit la main avec un regard muet et reconnaissant qui serra rapidement la gorge de De Gollyer , qui, terrorisé, augmentant volontairement la légèreté de ses manières, se leva avec une gaieté exagérée.

" Par Jupiter, le fait est que je suis moi-même un peu poussiéreux. Faites-moi du bien. Nous nous enfuirons comme autrefois, les bons jours, ceux-là. Nous avons un peu frappé, n'est-ce pas ? Bien jours, hein, Jack ?

Lightbody, continuant à regarder le livre, dit :

"Hier soir, hier soir seulement ! Est-ce possible ?"

"Allons, maintenant, finissons Paris ou Vienne ?"

"Non non." Lightbody sembla rétrécir à cette pensée. "Pas ça, rien de gay. Je ne pouvais pas supporter de voir les autres gays, heureux."

"Tout à fait vrai. Californie?"

"Non, non, je veux m'enfuir, hors du pays, très loin."

Soudain, une inspiration vint à De Gollyer : un souvenir des jours passés.

"Par George, le Maroc ! Superbe ! Le voyage que nous avions prévu, le Maroc, justement !"

Lightbody, au bureau, palpant toujours faiblement les feuilles qu'il voyait indistinctement, marmonna :

"Quelque chose de très loin, loin des gens."

"Par George, c'est immense", poursuivit De Gollyer en explosant de joie, et, sur une octave plus haute, il répéta : "Immense ! Le Maroc et une course fracassante en Afrique pour le gros gibier. Le vieux voyage tel que nous l'avions prévu il y a sept ans. . IMMENSE!"

"Je m'en fiche, n'importe où."

De Golyer se dirigea prestement vers la bibliothèque et en rapporta un atlas.

" Mon garçon, la meilleure chose au monde. Préparez-vous : air formidable, paysages époustouflants, sport déchirant, caravanes et tout ce genre de choses. Bonne idée, très bien. Je ne pourrais jamais vous pardonner d'interrompre ce voyage, vous savez. . Là." Il parcourut rapidement l'atlas en marmonnant : « MMM... Maroc.

Lightbody, irrité à l'idée d'être confronté à une décision, bougea avec inquiétude en disant : "N'importe où, n'importe où."

"Retour au harnais - les vieux jours de camping - immense."

"Je dois m'enfuir."

« Voilà, dit enfin de Gollyer . D'un mouvement adroit, il glissa l'atlas devant son ami en disant : « Le Maroc, air malin, couleurs éclatantes, bleus et rouges.

"Oui oui."

"Vous vous souvenez de la façon dont nous l'avons planifié", a poursuivi De Gollyer , astucieusement gaffé ; "bateau pour Tanger, de Tanger jusqu'à Fès."

À ce moment-là, le Corps de Lumière, observant le doigt qui traçait, dit avec une certaine irritation : "Non, non, descendez d'abord la côte."

« Je vous demande pardon, » dit de Gollyer ; "à Fès, mon cher."

"Mon cher garçon, je sais ! En bas de la côte jusqu'à Rabat."

"Ah, maintenant, tu es sûr ? Je pense—"

"Et je *sais* ", dit Lightbody en élevant la voix et en prenant possession de l'atlas, qu'il frappa énergiquement du revers de la main. "Je devrais connaître mon propre plan."

"Oui, oui", a déclaré De Gollyer pour l'encourager. " Vous en êtes toujours complètement convaincu, n'est-ce pas ? "

"Bien sûr que oui ! Mon cher Jim, n'est-ce pas mon idée favorite, le seul voyage dont j'ai rêvé, la seule chose au monde que j'ai désiré faire toute ma vie ?" Ses yeux prirent de l'énergie, tandis que son index commençait à poignarder méchamment l'atlas. "On va à Rabat. On va à Magazam , et on fait un si long balayage, vers l'intérieur, on fait un tour, donc, et on revient à Fès, donc !"

Ce discours, prononcé avec enthousiasme, fit réfléchir De Gollyer . Il regarda le Corps de Lumière quelque peu ressuscité avec une curiosité réfléchie.

"Eh bien, tu as peut-être raison. Tu es toujours impressionnant, tu sais."

"N'est-ce pas ? Bien sûr que j'ai raison", a poursuivi Lightbody, inconscient de la contemplation critique de son ami. « N'ai-je pas travaillé sur chaque pied ? »

"Un peu volant dans le pays du gibier, alors ? Renverser un rhinocéros ou deux. Un sport magnifique et intelligent, le rhinocéros !"

« Par George, pensez-y : une chance contre l'une de ces brutes !

Lorsque De Gollyer eut vu l'impatience dans les yeux de son ami, les diablotins revinrent, ironiquement reculant. Il lui frappa l'épaule comme Méphistophélès pourrait joyeusement réclamer la sienne en criant : « Immense !

" Vous savez, Jim, " dit Lightbody en se redressant, nerveusement alerte, parlant avec des accents rapides et enthousiastes, " c'est ce dont j'ai rêvé : une chance chez l'un des grands mendiants. Par George, j'ai eu, toute ma vie !"

"Nous allons le peaufiner en style déchiré, avec des régiments de porteurs, des tentes rouges et blanches, des chameaux, des caravanes et tout ce genre de choses."

"Par George, pense-y."

"Avec style, mon garçon, nous posséderons tout le continent, achète-le!"

"Le diable!"

"Quel est le problème?"

L'humeur de Lightbody avait soudainement chuté. Il repoussa à moitié sa chaise et fronça les sourcils. "Ça va être terriblement extravagant."

"Et alors ?"

" Mon cher, vous ne savez pas quelles sont mes dépenses... cet appartement, une automobile... Oh ! quant à vous, tout va bien pour vous ! Vous en avez dix mille par an et vous n'avez à vous occuper que de vous-même. "

Soudain, il éprouva presque de la haine envers son ami, puis une rébellion face au renoncement qu'il allait devoir faire.

"Non, ce n'est pas possible. Nous devrons y renoncer. Impossible, totalement impossible, je ne peux pas me le permettre."

De Gollyer , encore un peu incertain de son terrain, attendit plusieurs instants, considérant attentivement l'expression douteuse du visage de son ami. Puis il demanda brusquement :

« Quel est votre revenu, maintenant ? »

"Que veux-tu dire par *maintenant* ?"

« Quinze mille par an ?

"Ça a toujours été comme ça", répondit Lightbody avec mauvaise humeur.

De Gollyer , abordant enfin la grande question, prit un air de fermeté concentrée, tempérée par une délicatesse bien élevée.

"Mon cher enfant, je vous demande pardon. En fait, cela a toujours été quinze mille, c'est tout à fait vrai, tout à fait vrai; mais maintenant, mon cher enfant, vous êtes trop homme du monde pour être offensé, n'est-ce pas ?"

"Non," dit Lightbody, regardant devant lui. "Non, je ne suis pas offensé."

" Bien sûr, c'est un terrain délicat, extrêmement délicat, mais alors nous devons regarder les choses en face. Maintenant, si vous préférez que je... "

"Non, continue."

"Bien sûr, mon cher garçon, tu as reçu un coup fracassant et tout ce genre de choses, mais…" tendant soudain la main, il prit la lettre et, la laissant pendre entre ses doigts, la réfléchit pensivement - "Je le dis on pourrait le voir de cette façon. Hier, c'était quinze mille dollars par an pour habiller une femme fringante, le style new-yorkais moderne, le rythme social, des vêtements qui doivent être plus chics que la femme de Thingabob , des dîners de compétition qu'on remue avec sa fourchette et vos domestiques mangent, et tout ce genre de choses, vous savez, aujourd'hui, c'est quinze mille dollars par an et encore un célibataire.

Lâchant la lettre, il la laissa dédaigneusement se poser sur le bureau et termina :

"Allez, en fait, il y a un petit quelque chose de réconfortant, n'est-ce pas ?"

A partir du moment où il avait perçu l'idée de De Gollyer . Lightbody était devenu très silencieux, regardant fixement devant lui, ne voyant ni la porte ni les murs de soutènement.

"Je n'y avais jamais pensé", dit-il presque à voix basse.

"Tout à fait, tout à fait. Bien sûr, on ne pense pas à de telles choses, au début. Et tu as eu un renversement, un smasher ordinaire, mon vieux." Il s'arrêta, éclaircit sa voix et dit avec sympathie : « Vous l'adoriez ?

"Je suppose que je pourrais abandonner l'appartement et vendre la voiture", dit lentement Lightbody en se parlant à lui-même.

De Gollyer sourit – un sourire de célibataire.

"Riches, mon garçon," dit-il en lui tapotant l'épaule avec la même touche méphistophélique rapide et éveillée.

Le contact sortit Lightbody de sa rêverie. Il recula, choqué par le chemin parcouru par ses pensées.

"Non, non, Jim," dit-il. "Non, il ne faut pas, rien de tout cela, pas à un moment pareil."

"Vous avez raison", a déclaré De Gollyer , instantanément masqué par la gravité. " Vous avez tout à fait raison. Pourtant, nous regardons les choses en face, planifions l'avenir. Bien sûr, c'est une question délicate, terriblement délicate. J'ai presque peur de vous la poser. Allons, comment vais-je exprimez-le délicatement ? C'est comme ça. Quinze mille par an divisés par un font quinze mille, n'est-ce pas ; mais quinze mille par an divisé par deux, cela peut vouloir dire... » Il se redressa, ses talons claquèrent, écartant légèrement les coudes. et levant le menton de la haute palissade blanche sur laquelle il reposait. " Voyons, nous sommes des hommes du monde, n'est-ce pas ? Maintenant, en fait, quelle part de ces quinze mille par an vous revenait ? "

"Mon cher Jim," dit Lightbody, estimant que la générosité devait être de sa part, "une femme, une femme moderne, une New-Yorkaise, vous venez de dire que ça… ça prend… ça prend…"

« Douze mille… treize mille ?

"Oh, viens ! C'est absurde," dit Lightbody, de plus en plus en colère. "En plus, je ne—"

"Oui, oui, je sais", dit De Gollyer en l'interrompant, avec une nouvelle confiance. "Tout de même, vos whiskies se sont abimés, mon cher garçon, ils ont explosé, et vos cigares sont mauvais, très mauvais. Des petites choses, mais ça se voit."

Un crayon était posé devant lui. Lightbody, sans savoir ce qu'il faisait, s'en empara et, machinalement, sur une feuille non écrite, nota 15 000 $, dessinant le signe dollar d'un trait prudent, presque caressant. La feuille était le verso de la lettre de sa femme, mais il ne l'a pas remarqué.

De Gollyer , regardant par-dessus son épaule, s'écria :

"Tout à fait vrai. Quinze mille, divisés par un."

"Cela fera une différence", dit lentement Lightbody. Sur son visage passait une expression telle qu'on n'en rencontre qu'une fois dans une vie ; un regard défiant l'analyse ; un regard qui revient sur le passé et interpelle l'avenir et garde toujours le secret de son jugement.

De Gollyer , reculant lentement, lui accorda un moment avant de dire :

"Et pas de pension alimentaire !"

"Quoi?"

"Gratuit et sans pension alimentaire, mon garçon !"

"Pas de pension alimentaire ?" » dit Lightbody, surpris de ce nouveau raisonnement.

"Une femme qui s'enfuit ne reçoit aucune pension alimentaire", a déclaré De Gollyer à haute voix. "Pas ici, pas dans l'Est délabré !"

"Je n'y avais pas pensé non plus", dit Lightbody, qui, malgré lui, ne put réprimer un sourire.

De Gollyer , peut-être irrité d'avoir été trompé par la sympathie, continua avec un peu de vengeance.

" Bien sûr que cela ne te dit rien, mon cher garçon. Tu étais heureux, *idéalement* heureux ! Tu l'adorais, n'est-ce pas ? "

Il fit une pause puis, ne recevant aucune réponse, reprit :

"Mais tu vois, si tu n'avais pas été aussi diaboliquement chanceux, si séraphiquement heureux toutes ces années, tu trouverais peut-être un certain humour dans la situation, n'est-ce pas ? Pourtant, regarde-le en face, qu'as-tu perdu, qu'est-ce qu'il te reste ? Il y a quelque chose là-dedans, quinze mille dollars par an, la liberté et pas de pension alimentaire.

Le moment était venu qu'on ne pouvait plus l'éviter. Lightbody se leva, se tourna, rencontra la méchanceté cachée dans les yeux de De Gollyer avec son propre écran d'indécision et, tournant les talons, se dirigea vers un petit placard dans le mur et rapporta une carafe et des verres.

"Ce n'est pas ce que nous servons sur la table", a-t-il déclaré de manière déplacée. "C'est du whisky."

De Gollyer versa son verre et regarda Lightbody *en connaisseur* .

"Tu es parti, vieux, depuis six ans. Tu étais aussi le plus intelligent de la vieille bande. Tu es certainement parti."

Lightbody écoutait, les yeux dans son verre.

"Jack, tu es d'âge moyen, tu as mal tourné. Ça t'a durement touché."

Il y eut un moment de silence puis Lightbody parla doucement :

"Jim!"

"Qu'est-ce qu'il y a, mon vieux ?"

"Voulez-vous connaître la vérité?"

« Viens… sors avec ça ! »

Lightbody se débattit un moment, toute l'hésitation apparaissant sur ses lèvres. Puis il dit en secouant lentement la tête, sans jamais lever les yeux, s'adressant comme à un autre :

"Jim, j'ai passé un sacré moment !"

"Impossible!"

"Oui."

Il leva son verre jusqu'à ce qu'il sente son contact contre ses lèvres et le posa progressivement. "Eh bien, Jim, en six ans, je l'ai aimée à tel point que je n'ai jamais fait ce que je voulais faire, je suis allé là où je voulais aller, j'ai bu tout ce que j'avais envie de boire, j'ai vu tout ce que je voulais voir, je portais tout ce que je voulais porter, fumer tout ce que je voulais fumer, lire tout ce que je voulais lire, ou dîner avec quelqu'un que je voulais, Jim, c'était certainement une période *familiale* ! »

"Bon Dieu ! Je n'arrive pas à y croire !" s'écria De Gollyer , trop étonné pour laisser libre cours à son sens de l'humour.

Tout à coup, une petite fureur sembla s'emparer de Lightbody. Sa voix s'éleva et ses gestes s'indignèrent.

"Marié ! J'ai été marié à un policier. Pourquoi, Jim, sais-tu ce que j'ai dépensé pour moi-même, réellement dépensé ? Pas deux mille, pas mille, pas cinq cents dollars par an. J'ai été plus pauvre. que mon propre employé. Je détesterais vous dire ce que j'ai payé pour les cigares et le whisky. Tout lui est allé, tout !

"Un tempérament ? Non, impossible, pas ça !"

"Pas violent – oh, non – mais ferme – souriant, tu sais, mais irrésistible."

Il poussa un long soupir chargé de souvenirs amers et dit entre ses dents, rebelle : « J'ai toujours été d'accord.

"Est-ce possible ? Est-ce possible ?" commenta De Golyer en maîtrisant soigneusement son expression.

Lightbody, au nouveau sujet de ses torts, commença maintenant à exploser de colère.

« Et il y a encore une chose, une chose qui fait mal ! Vous savez dans quoi elle s'est enfuie ? Elle s'est enfuie avec un chapeau, un grand chapeau rouge, trois plumes blanches – cent soixante-quinze dollars. J'ai renoncé à un costume d'hiver pour acheter il."

Il se dirigea vers la boîte à chapeau grotesquement grande sur la table élancée et la frappa avec son poing.

"Je suis venue ce matin. Jim, elle attendait ce chapeau ! Maintenant, ce n'est pas bien ! Ce n'est pas délicat !"

"Non, par Jupiter, ce n'est certainement pas délicat !"

"Domestique ! Ha !" Pour le moment, avec seulement la longue vision d'une petite tyrannie devant lui, il aurait pu la prendre dans ses mains et l'étrangler. "Domestique ! J'ai eu tout ce que je voulais en matière de domesticité !"

Soudain, la peur éternelle s'éveillant en lui, il se tourna et ordonna avec autorité :

"Ne le dis jamais!"

"Jamais!"

De Gollyer , à quarante-deux ans, montrait un visage réactif, invincible, gravement sympathique, attendant patiemment son apogée, sachant que rien n'est plus dangereux que la confession.

Lightbody prit son verre et l'approcha de nouveau de ses lèvres, fronçant les sourcils à la pensée de ce qu'il avait révélé. Tout à coup, une nouvelle impulsion le saisit, il posa son verre sans y goûter, en laissant échapper :

"Voulez-vous savoir quelque chose de plus ? Voulez-vous connaître la vérité, la vraie vérité ?"

« Mon Dieu, il y a quelque chose de plus ?

"Je ne l'ai jamais épousée, jamais dans le monde de Dieu !"

Il cessa et soudain, sans aucun doute, le passé se dressa devant lui dans sa dure vérité.

"Elle m'a épousé !"

"Est-il possible?"

"Elle l'a fait!"

Ce qui avait été une impulsion est soudain devenu une certitude.

"En regardant en arrière maintenant, je peux tout voir, très clairement. Savez-vous comment c'est arrivé ? J'ai appelé trois fois, pas une fois de plus, trois fois ! Je l'aimais bien, rien de plus. C'était une jolie fille. - une certaine fascination - elle l'a toujours - c'est le pire - mais douce, très douce.

"Extraordinaire!"

"La troisième fois que j'ai appelé - la troisième fois, remarquez", poursuivit Lightbody en attaquant la table, "alors que je me levais pour dire au revoir, d'un seul coup - les lumières se sont éteintes."

"Les lumières?"

"Quand ils repartirent, j'étais fiancé."

« Grand Dieu !

"Le vieux truc de l'évanouissement ."

"Est-il possible?"

"Je vois tout maintenant. Un homme voit les choses telles qu'elles sont à tel moment."

Il eut un petit rire désagréable. "Jim, elle a fait réparer ces lumières !"

"Affreux!"

Lightbody, qui avait dépouillé son âme en confession, n'était plus conscient de la honte. Il frappa la table, ponctuant sa colère, et s'écria :

"Et c'est la vérité ! La vérité littérale et solennelle ! C'est mon histoire !"

Pour l'avouer, il avait fallu se laisser emporter dans un élan de colère. La nécessité ayant cessé, il croisa les bras, tout à fait calme, en riant d'un rire bas et méprisant.

"Mon cher garçon", dit De Gollyer pour apaiser la tension, "en fait, c'est comme ça que vous êtes tous pris."

"Je le crois", dit sèchement Lightbody. Il avait maintenant une envie instinctive d'insulter tout le sexe féminin.

"Je sais, un célibataire sait. Les choses que j'ai vues et les choses que j'ai entendues. Mon cher ami, en fait, le mariage est très bien pour les banquiers et les courtiers, les millionnaires non condamnés , les animaux domestiques hebdomadaires à la recherche d'un une femme de ménage compétente, vous savez, et tout ce genre de choses, mais pour les hommes du monde, comme nous, c'est une erreur. Ne recommence pas, mon garçon, ne le fais pas.

Lightbody eut un rire aboyant qui satisfit De Gollyer .

"Les maris – les maris sociaux modernes – sont des excroissances – ils ne comptent pas. Ce ne sont que de simples tabulateurs financiers – rien de plus que des caisses de résonance sociale. "

"Droite!" » dit sauvagement Lightbody.

"Ah, tu aimes ça, n'est-ce pas ?" » dit De Gollyer , content. "Je dis parfois une bonne chose. Des caisses de résonance sociales ! Eh bien, Jack, dans la moitié des mariages dans ce pays - non, par George, dans les deux tiers - si le mari insignifiant et tabulant devait rentrer à la maison pour trouver une lettre comme celle-là, il danserait un *can-can* !"

Lightbody sentit un flot de rires apaisants monter en lui. Il se mordit la lèvre et répondit :

"Non!"

"Oui."

"Peuh!"

"Un *cancan* !"

Lightbody, craignant de se trahir, n'osa pas regarder le célibataire triomphant. Il se couvrit les yeux avec ses mains et chercha à combattre l'hystérie joyeuse qui commençait à secouer tout son corps. Tout à coup, il aperçut les yeux malicieux de de Gollyer et, ne pouvant plus se contenir, éclata de rire. Plus il se moquait de De Gollyer , qui se moquait de lui, plus il devenait incontrôlable. Les larmes lui montèrent aux yeux et coulèrent sur ses joues, emportant toutes les illusions et toutes les illusions, ne laissant que la joie de la délivrance, enfin reconnue.

Tout à coup, se tenant les côtés, il retrouva un peu de souffle et cria d'une voix combustible :

"Un *cancan* !"

Soudain, d'un seul coup, ils se sont serrés les bras et ont pirouillé à travers la pièce, levant leurs jambes destructrices, s'étreignant comme des ours comme ils l'avaient fait à l'époque du triomphe universitaire. Finalement épuisés, ils se séparèrent et tombèrent , essoufflés, sur des chaises opposées. Il y eut un court moment de faible silence physique, puis Lightbody, secouant la tête, dit solennellement :

"Jim—Jim, c'est le premier vrai rire que j'ai eu depuis six longues années !"

"Mon garçon, ce ne sera pas la dernière."

"Vous pariez que non !" Le Corps de Lumière surgit, comme surgit du manteau cendré de la vieillesse le jeune Faust. — Demain, entendez-vous, demain nous partons pour le Maroc !

"En passant par Paris ?" » a interrogé De Gollyer , qui a également gagné une douzaine d'années de jeunesse.

— Certainement par Paris.

"Avec un soupçon de Vienne ?"

« Expulsez-le de la carte ! »

"Bon vieux Jack ! Tu reviens, mon garçon, tu reviens fort !"

« Le suis-je ? Regardez ! » En se dirigeant vers le bureau, il saisit une douzaine de livres lourds :

"'Évolution et psychologie', "Questions brûlantes !" « La position de la femme en Tasmanie ! » Aha!"

Un à un, il les lança violemment au-dessus de sa tête, sans compter le fracas avec lequel ils tombèrent. Puis, avec le même *pas de ballet,* il descendit sur la boîte à chapeau et l'envoya de sa botte s'écraser sur le piano. Avant que De Golyer ait pu s'exclamer, il était dans le placard, en train de faire des ravages avec les boîtes de cigares.

"Tiens, dis-je", dit De Gollyer en riant, "attention, ce sont des cigares !"

"Non, ce n'est pas le cas", dit Lightbody, s'arrêtant un instant. Puis, saisissant deux cartons, il tournoya dans la pièce en les tenant à bout de bras, les dispersant comme les étincelles d'un moulinet, jusqu'à ce que d'un dernier mouvement il jette les cartons vides contre le plafond, et, s'arrêtant brusquement , a tiré un index obligatoire et a crié :

"Jim, tu dînes avec moi !"

"Le fait est-"

"Pas de mais, pas d'excuses ! Rompre tous nos engagements ! Ce soir, nous célébrons !"

"Immense!"

"Rassemblez les garçons, tous les garçons, les vieux. Je suis d'âge moyen, n'est-ce pas ?"

"Par George", dit De Gollyer avec une libre admiration, "tu te remets en forme, mon garçon, en excellente forme. Très bien, bien, très bien !"

"Dans une demi-heure au Club."

"Fait."

"Jim?"

"Jack!"

Ils se précipitèrent dans les bras l'un de l'autre. Lightbody, aussi délirant qu'une jeune fille à l'idée de son premier bal, s'écria :

"Paris, Vienne, Maroc, deux ans à travers le monde !"

"Sur mon honneur !"

Rapidement, Lightbody, impatient de la fête, enfila De Gollyer dans son manteau et l'arma de sa canne.

" Dans une demi-heure, Jim. Obtenez Budd, obtenez Reggie Longworth et, dis-je, obtenez ce petit réprouvé de forgeron, d'accord ? "

"Oui, par George."

A la porte, De Gollyer , qui, lorsqu'il ne pouvait pas partir sur une épigramme, aimait rappeler la meilleure chose qu'il avait dite, se tourna :

"Plus jamais ça, hein, mon vieux ?"

"Jamais", cria Lightbody avec une voix de canon.

"Pas de caisse de résonance sociale pour nous, hein ?"

"Plus jamais!"

"Tu aimes ça, n'est-ce pas ? Je dis une bonne chose de temps en temps, n'est-ce pas ?"

Le Corps de Lumière, tout empressé, le conduisit dans le couloir en criant :

"Rassemblez- les , rassemblez-les tous ! Je leur montrerai si je suis revenu !"

Lorsqu'il fut revenu, valsant sur la pointe des pieds jusqu'au milieu de la pièce, il s'arrêta et étendit les bras d'un geste libre, inspira une haleine délicieuse. Puis, tout en sifflotant, il se dirigea vers un tiroir de la bibliothèque et revint léger, les bras chargés d'horaires, d'horaires de paquebots, de cartes de divers pays. Tout à coup, se souvenant, il saisit le téléphone et, ne recevant aucune réponse, sonna avec impatience.

"Central... bonjour... bonjour ! Central, pourquoi tu ne réponds pas ? Central, donne-moi... donne-moi... attends, attends une seconde !" Il avait oublié le numéro de son propre club. En communication, il entendit enfin les accents bien modulés de Rudolph – Rudolph qui reconnut sa voix après six ans. Cela lui procurait un petit frisson, ce rappel de la vie dans laquelle il rentrait à nouveau. Il commanda un des dîners qu'il avait l'habitude de commander et raccrocha, le sourire aux lèvres et le cœur un peu serré à l'entrée que lui, le prodigue, ferait ce soir-là au Club.

Puis, saisissant une carte du Maroc dans une main et un programme de traversées dans l'autre, il s'assit pour planifier, scandant sans cesse : « Paris, Vienne, Maroc, Inde, Paris, Vienne… »

À ce moment, sans qu'il s'en aperçoive, les portes s'ouvrirent sans bruit et Mme Lightbody entra ; une femme pleine de mouvements attrayants dans son corps souple et de perceptions rapides et décisives dans le regard droit et gris de ses yeux. Elle tenait d'une main un manteau vaguement attaché autour de son cou. Sur sa tête se trouvait le chapeau aux trois plumes blanches.

Une minute s'écoula alors qu'elle se levait, saisissant rapidement chaque indice qui pourrait l'aider plus tard. Puis elle bougea légèrement et dit d'une voix douce et triste :

"Jackie."

"Bon dieu!"

Le corps de Lumière, renversant la chaise et la table, se leva, reculant comme on recule devant un spectre vengeur. Dans ses doigts convulsifs se trouvaient les horaires, accrochés comme des feuilles de nénuphar humides.

"Jackie, je ne pouvais pas le faire. Je ne pouvais pas t'abandonner. Je suis revenu." Doucement, semblant bouger plutôt que marcher, avançant sans l'incertitude qu'il y avait dans sa voix, elle cria, avec une petite pause : « Pardonnez-moi !

"Non non jamais!"

Il se retira derrière une chaise, la voix furieuse, faible à la pensée de l'écharpe flottante et emmêlante et du parfum qu'il connaissait si bien. Puis, se reprenant, il cria brutalement :

"Jamais ! Vous m'avez donné ma liberté. Je la garderai ! Merci !"

D'un mouvement progressif, elle desserra sa cape vaporeuse et la laissa glisser des épaules et du corps élancé soudainement révélés.

"Non, non, je te l'interdis !" il pleure. La colère – la colère animale et instinctive – commença à le posséder. Il devint brutal à mesure qu'il se sentait affaiblir.

"Soit tu sors, soit je le fais!"

"Vous écouterez."

"Quoi ? Aux mensonges ?"

"Quand tu m'auras entendu, tu comprendras, Jack."

"Il n'y a rien à dire. Je n'ai pas la moindre intention de reprendre..."

"Jack!"

Sa voix retentit avec un caractère soudain impressionnant : « Je te jure que je ne l'ai pas rencontré, je te jure que je suis revenue de mon plein gré, parce que je n'ai pas pu le rencontrer, parce que j'ai découvert que c'était toi, toi seulement... que je voulais!"

"C'est un mensonge!"

Elle recula devant la blessure dans son regard. Elle posa sa longue main blanche sur son cœur, se jetant toute entière dans le regard qui cherchait à le conquérir.

"Je le jure," dit-elle simplement.

"Un autre mensonge!"

"Jack!"

C'était une rage physique qui le tenait maintenant, une rage divisée contre elle-même, qui désirait abattre, écraser, étouffer la chose qu'elle convoitait. Il avait presque peur de lui-même. Il pleure:

"Si tu n'y vas pas, je vais—je vais—"

Soudain, il trouva quelque chose de plus brutal qu'un coup, quelque chose qui devait la faire fuir, alors qu'il avait pourtant la force de sa passion. Il croisa les bras, la regardant d'un air froid.

"Je vais te dire pourquoi tu es revenu. Tu es allé le voir pour une seule raison. Tu pensais qu'il avait plus d'argent que moi. Tu es revenu quand tu as découvert que ce n'était pas le cas."

Il voyait son corps frémir et cela lui faisait du bien.

"C'est fini", dit-elle, à peine capable de parler. Elle baissa précipitamment la tête, mais pas avant qu'il ait vu les larmes.

"Absolument."

Dans un instant, elle serait partie. Il se sentit tout à coup mal à l'aise, honteux, elle semblait si fragile.

"Mon manteau, donne-moi mon manteau", dit-elle, et sa voix montra qu'elle acceptait son verdict.

Il apporta la cape là où elle se tenait avec lassitude et la mit sur ses épaules, reculant instantanément.

"Au revoir."

Cela a été dit plus à la salle qu'à lui.

"Au revoir," dit-il d'un ton sourd.

Elle fit un pas puis leva les yeux vers les siens.

"C'était plus que ce que tu avais le droit de dire, même à moi", dit-elle sans reproche dans la voix.

Il évita son regard.

"Tu vas le regretter. Je te connais", dit-elle avec pitié pour lui. Elle se dirigea vers la porte.

"Je suis désolé", dit-il impulsivement. "Je n'aurais pas dû le dire."

"Merci", dit-elle en s'arrêtant et en revenant un peu vers lui.

Il recula comme s'il sentait déjà ses bras autour de lui.

"Ne le fais pas," dit-elle avec un sourire fatigué. "Je ne vais pas essayer ça."

Son instinct lui avait donné possession des lieux. Il le sentait et était irrité.

"Seulement, séparons-nous tranquillement, avec dignité", dit-elle, "car nous sommes heureux ensemble depuis six ans." Puis elle dit rapidement :

"Je veux que tu saches que je ne ferai rien qui puisse déshonorer ton nom. Je ne vais pas vers lui. C'est fini."

Une immense curiosité lui vint de connaître la raison de cet étrange aveu. Mais il se rendit compte qu'il ne lui serait jamais utile de le lui demander.

"Au revoir, Jackie", dit-elle après avoir attendu un moment. "Je ne te reverrai plus."

Il la regarda partir avec la même grâce émouvante avec laquelle elle était venue. Tout à coup, il trouva un moyen de s'échapper.

"Pourquoi ne vas-tu pas vers lui ?" dit-il durement.

Elle s'arrêta mais ne se retourna pas.

"Non," dit-elle en secouant la tête. Et encore une fois, elle osa continuer vers la porte.

"Je ne vous gênerai pas", dit-il sèchement, craignant seulement qu'elle parte. "Je vais vous donner le divorce. Je ne nie pas la liberté d'une femme."

Elle se retourna et dit :

"Laissez-vous la liberté à une femme de connaître son propre esprit ?"

"Que veux-tu dire?"

Elle revint jusqu'à ce qu'il ait presque pu la toucher, debout, le regardant dans les yeux avec un regard mélancolique et inquisiteur, serrant et détachant ses doigts tendus.

"Jack," dit-elle, "tu ne t'en es jamais vraiment soucié."

— Alors tout est de ma faute ! cria-t-il en joignant ses bras, sûr maintenant qu'elle resterait.

"Oui c'est le cas."

"Quoi!" s'écria-t-il avec rage – c'était déjà une autre rage – « ne t'ai-je pas donné tout ce que tu voulais, tout ce que j'avais, tout mon temps, tout... »

« Tout sauf vous », dit-elle doucement ; "tu avais toujours froid."

"JE!"

"Tu l'étais ! Tu l'étais !" » dit-elle sèchement, agacée par la contradiction. Mais se rappelant rapidement elle-même, elle continua avec seulement une tristesse pleine de regret dans la voix :

"Toujours froid, toujours neutre. Bob de la tête le matin, secousse de la tête le soir. Quand j'étais content d'une nouvelle robe ou d'un nouveau chapeau, vous ne le remarquiez jamais - jusqu'à ce que la facture arrive. Vous J'ai toujours été neutre, absolument sûr que j'étais à toi, corps et âme."

"Par George, c'est trop !" cria-t-il furieusement. "C'est une bonne chose. Je suis responsable, bien sûr que je suis responsable!"

Elle s'éloigna de lui et dit :

"Écoutez ! Non, écoutez doucement, car quand je vous l'aurai dit, j'irai."

Malgré lui, sa colère disparut face à son ordre discret.

« Si j'écoute, pensa-t-il, c'est fini.

Il croyait toujours qu'il résistait, seulement il voulait entendre comme il n'avait jamais voulu autre chose : savoir pourquoi elle n'allait pas vers l'autre homme.

"Oui, ce qui s'est passé est tout à fait naturel", dit-elle en rapprochant un peu ses sourcils et en semblant se raisonner davantage. "Cela a dû arriver avant que je puisse vraiment être sûr de mon amour pour vous. Vous les hommes , vous connaissez et choisissez parmi les connaissances de nombreuses femmes. Une femme comme moi, venant vers vous en tant que fille, doit souvent et souvent se demander si elle ferait toujours le même choix. Puis un autre homme entre dans sa vie et elle fait avec lui un test pour connaître une fois pour toutes la réponse à sa question Jack, c'est ça qui m'a poussé à essayer. Je *pourrais* te quitter, instinct que je ne comprenais pas alors, mais que je fais maintenant, quand il est trop tard.

« Oui, elle est intelligente », pensa-t-il en l'écoutant, la désirant d'autant plus qu'il admirait ce à quoi il ne croyait pas. Il sentit qu'il voulait être convaincu et, avec une dernière résistance colérique, dit :

"Très intelligent, en effet !"

Elle le regardait de son regard clair et gris, un sourire dans les yeux, de la tristesse aux lèvres.

"Tu sais que c'est vrai."

Il n'a pas répondu. Finalement il dit brusquement :

"Et quand est-ce que... est-ce que le changement est arrivé à toi ?"

"Dans la voiture, quand chaque tour de roue, chaque rue qui passait m'éloignait de toi. Je pensais à toi, seul, perdu, et soudain je sus. J'ai frappé du poing sur la vitre et j'ai appelé le cocher. comme un fou. Je ne sais pas ce que j'ai dit.

Elle s'arrêta, refoulant les larmes qui avaient commencé à couler sur ses paupières à ce souvenir. Elle se contrôla, fit un petit signe de tête rapide, sans tendre la main, se dirigea vers la porte.

"Quoi ! Je dois la rappeler !" Il se le disait en ajoutant furieusement : « Jamais !

Il la laissa aller jusqu'à la porte, jurant de ne pas faire cette avance.

Quand la porte fut entrouverte, quelque chose en lui cria : « Attends !

Elle ferma doucement la porte, mais elle ne se retourna pas immédiatement. Les paumes de ses mains étaient mouillées par la sueur froide et effrayée de cet horrible moment. À son retour, elle s'approcha de lui avec un regard étonné, timide et enfantin.

"Oh, Jack, si seulement tu pouvais !" » dit-elle, et alors seulement elle étendit les mains et laissa ses doigts se presser sur son cœur.

L'instant d'après, elle fut prise dans ses bras, rétrécie et immobile.

Tout à coup il la repoussa et dit brutalement :

"Quel était son nom?"

"Non non!"

"Donnez-moi son nom", dit-il misérablement. "Je dois le savoir."

"Non, ni maintenant ni à aucun autre moment", dit-elle fermement, et son regard lorsqu'il rencontra le sien retrouva toute l'ancienne domination. "C'est ma condition."

« Ah ! comme j'ai été faible », se dit-il avec une dernière révolte amère et instinctive. "Comme je suis faible."

Elle a vu et compris.

"Nous devons être généreux", dit-elle, changeant rapidement sa voix en douceur. "Il a déjà assez souffert. Lui seul souffrira. Et si vous connaissiez son nom, cela ne ferait que vous rendre malheureux."

Il se révoltait encore, mais soudain lui vint une pensée qu'il eut d' abord honte d'exprimer.

« Il ne sait pas ?

Elle a menti.

"Non."

"Il attend toujours, là-bas ?"

"Oui."

"Ah, il attend", se dit-il.

Une lueur de vanité, de triomphe sur celui qui avait été abandonné et humilié, surgit violemment en lui et mit fin à tous les souvenirs persistants et amers.

"Alors tu t'en soucies ?" dit-elle en posant sa tête sur son épaule pour qu'il ne voie pas qu'elle avait lu une telle pensée.

"Se soucier?" il pleure. Il s'était rendu. Il fallait maintenant être convaincu. "Eh bien, quand j'ai reçu votre lettre, j'étais fou. Je voulais commettre un meurtre."

« Jackie ! »

"J'étais comme un fou : tout était parti, il ne restait plus rien."

"Oh, Jack, comme je t'ai fait souffrir !"

"Souffrir ? Oui, j'ai souffert !" Submergé par la douleur récurrente du souvenir, il se laissa tomber sur une chaise, essayant de contrôler sa voix. "Oui, j'ai souffert !"

"Pardonne-moi!" dit-elle en se mettant à genoux à côté de lui et en enfouissant sa tête sur ses genoux.

"J'étais fou, je ne sais plus ce que j'ai fait, ce que j'ai dit. C'était comme si une bombe avait explosé. Ma vie était détruite, brisée, il ne restait plus rien."

Il ressentit à nouveau le chagrin, encore plus intensément. Il a souffert pour ce qu'il avait souffert.

"Jack, je n'aurais jamais vraiment pu *t'abandonner*," cria-t-elle amèrement. Elle leva les yeux vers lui et remarqua soudain les horaires qu'il tenait entre les mains. "Oh, tu partais !"

Il hocha la tête, incapable de parler.

"Tu t'enfuyais ?"

"Je m'enfuyais... pour oublier... pour m'enterrer !"

"Oh, Jack !"

"Il n'y avait rien ici. Tout était vide ! Je m'enfuyais pour m'enterrer !"

Au souvenir de ce moment misérable et désespéré où il s'était résolu à fuir, les larmes, qu'on ne pouvait plus nier, coulaient sur ses joues.

LE MENSONGE

I

Depuis quelque temps, ils ne parlaient plus, trop accablés par l'angoisse inutile de cette dernière nuit. A leurs pieds, les petites fenêtres brillantes d'Etretat retombaient dans la nuit, comme si elles sombraient sous la montée de ce flot noir et mystérieux qui venait lumineusement des régions obscures du ciel pâle. Au-dessus de nous, les étoiles gonflées d'août s'étaient estompées devant la pâleur qui, vers le phare sur la falaise, annonçait le lever rouge de la lune.

Il se tenait un peu à l'écart, pour mieux saisir chaque détail filmique de l'étrange femme entrée inexplicablement dans sa vie, regardant les longs bras langoureux tendus en une étreinte impulsive, l'harmonie dramatique du corps, la tête maussade, la ligne douce et à moitié révélée du cou. L'alchimie troublante de la nuit, qui sous ses yeux mêlait lentement la terre à la mer et la mer au ciel, semblait moins mystérieuse que cette femme dont le corps était aussi immobile que le calme de son âme.

Tout d'un coup, il sentit en elle, qu'il avait connue comme il n'en avait connu aucune autre, quelque chose d'inconnu, la venue d'une autre femme, appartenant à une autre vie, la vie de l'opéra et de la multitude, qui allait encore la flatter et l'enivrer. L'été était passé sans aucun doute, et maintenant, tout à coup, quelque chose de nouveau lui arrivait, indéfinissable, coloré de la vague terreur de la nuit, de la peur des autres hommes qui se pressaient autour d'elle, dans l'autre vie, où il ne pouvait pas suivre.

Autour du promontoire fourchu à l'est, les lumières du petit paquebot pour l'Angleterre apparaissaient, comme la cendre rouge d'un tuyau, glissant vers l'horizon. C'était le signal d'une étreinte amoureuse, conçue jadis dans l'imagination et entretenue dans la tendresse.

"Madeleine", dit-il en lui touchant le bras. "Le voilà... notre petit bateau."

" Ah ! *le p'tit bateau* ... avec ses drôles d'yeux rouges et verts. "

Elle se tourna et leva ses lèvres vers les siennes ; et le baiser, qu'elle ne donnait pas mais qu'elle permettait, ne semblait chargé que d'une ineffable tristesse, la fin de toutes choses, le déchirement et l'engourdissement de la séparation. Elle reprit sa pose, les yeux fixés sur le petit paquet, en disant :

"Il est tard."

"Oui."

"Ça va vite."

"Très."

Ils parlaient machinalement, puis plus du tout. La frayeur du matin était trop poignante pour aborder les choses qu'il fallait dire. Soudain, avec la franchise sauvage du mâle qui se plonge dans la douleur qu'il faut subir, il commença :

"C'était comme du poison : ce baiser."

Elle se tourna, oubliant sa propre angoisse dans la douleur dans sa voix, murmurant : « Ben, mon pauvre Ben.

« Ainsi vous retournerez demain, dit-il avec amertume, vers le grand public qui vous possédera, et je resterai ici, seul.

"Il doit en être ainsi."

Il ressentit soudain une impulsion qu'il n'avait jamais ressentie auparavant, un instinct de la faire souffrir un peu. Il dit brutalement :

"Mais tu veux y aller !"

Elle ne répondit pas, mais, dans l'obscurité, il savait que ses grands yeux scrutaient son visage. Il avait honte de ce qu'il avait dit, et pourtant, comme elle ne protestait pas, il persistait :

"Vous avez laissé de côté vos bijoux, ces bijoux dont vous ne pouvez plus vous passer."

"Pas ce soir."

"Vous qui n'êtes jamais heureux sans eux, pourquoi pas ce soir ?"

Comme, emportée par la jalousie de l'au-delà, il allait continuer, elle posa les doigts sur ses lèvres, avec un petit mouvement brusque et nerveux des épaules.

"Ne… tu ne comprends pas."

Mais il comprenait et il était mécontent qu'elle ait laissé de côté le long collier de perles ondulant, les anneaux de rubis et d'émeraudes qui semblaient aussi naturels à sa sombre beauté que les roses au printemps. Il avait essayé de comprendre la nature de sa femme, de croire qu'aucun souvenir ne subsistait encore d'eux, d'accepter sans aucun doute ce qui n'avait jamais appartenu à leur vie commune, et en se souvenant de ce qu'il avait combattu, il pensait amèrement :

"Elle m'a changé plus que je ne l'ai changée. Il en est toujours ainsi."

Elle bougeait un peu, sa pose, avec un sens dramatique instinctif, changeait selon son humeur changeante.

"Ne pense pas que je ne te comprends pas," dit-elle doucement.

"Que comprends tu?"

"Ça te fait mal parce que je souhaite revenir."

— Ce n'est pas vrai, Madeleine, dit-il brusquement. "Tu sais quelles grandes choses je veux que tu fasses."

"Je sais – seulement tu aimerais que je dise le contraire – pour protester que j'abandonnerais tout – que je sois content d'être seul avec toi."

"Non, pas ça," dit-il à contrecœur, "et pourtant, cette nuit dernière, ici, j'aimerais vous entendre dire le contraire."

Elle rit doucement et serra sa main un peu plus fort.

« Ça vous déplaît ? »

"Non, non, bien sûr que non!" Puis elle ajouta avec effort :

"Il y a tellement de choses que nous devons nous dire et nous n'en avons pas le courage."

"C'est vrai, pendant tout l'été, nous n'avons jamais parlé de ce qui allait suivre."

"Je veux que tu comprennes pourquoi je reviens sur tout cela, pourquoi je souhaite chaque année être séparé de toi - oui, exactement, de toi", ajouta-t-elle alors que ses doigts se contractaient dans un mouvement involontaire. "Ben, ce qui m'est arrivé, je ne m'attendais pas à ce qu'il arrive. J'aime, mais ni ce mot ni aucun autre mot ne peut exprimer à quel point je suis devenu absolument tien. Quand je t'ai raconté ma vie, tu ne t'es pas demandé à quel point c'était difficile pour toi. je crois qu'une telle chose pourrait être possible. Mais tu m'as convaincu, et ce qui m'est arrivé est un miracle. Je t'adore. Toute ma vie a été vécue juste pour ce grand amour ; crois, ce que je ressens. Elle se pencha rapidement vers lui et lui permit de l'attraper dans ses bras forts. Puis, se désengageant lentement, elle continua : "Tu es un peu blessé parce que je ne crie pas ce que tu n'accepterais pas, parce que je ne dis pas que j'abandonnerais tout si tu le demandais."

"C'est seulement pour l' *entendre* ", dit-il impulsivement.

"Mais je l'ai souvent souhaité moi-même", dit-elle lentement. "Il n'y a pas un jour où je ne l'ai pas souhaité - abandonner tout et rester à tes côtés. Sais-tu pourquoi? Du désir qui est en moi maintenant, le premier désir désintéressé que j'ai jamais eu - de me sacrifier pour toi dans quelque D'une manière ou d'une autre, c'est plus qu'une faim, c'est un besoin de l'âme, de mon amour lui-même. Cela m'envahit parfois lorsque les larmes me viennent aux yeux lorsque tu es absent, et je me dis : « Je l'aime. ", et pourtant, Ben, je n'abandonnerai pas, je n'abandonnerai jamais ma carrière, ni maintenant, ni avant des années."

"Non," dit-il machinalement.

"Nous sommes deux grands idéalistes, car c'est ce que tu as fait de moi, Ben. Avant, je riais toujours et je ne croyais en rien. Je méprisais même ce que mon sacrifice avait gagné. Maintenant, quand je suis avec toi, je reste dans une rêverie, et je suis heureux – heureux du bonheur des choses que je ne peux pas comprendre. Ce soir, à tes côtés, il me semble que je n'ai jamais ressenti la nuit précédente ni connu le mystère des heures silencieuses et faibles que tu as. m'a fait ressentir la solitude de l'âme humaine, et cette impulsion qu'elle doit avoir devant ces choses qui nous dépassent, qui nous entourent, nous dominent, pour s'accrocher presque avec terreur à une autre âme. Tu m'as si complètement vaincu qu'elle l'est. comme si tu m'avais créé toi-même. J'ai trente-cinq ans. J'ai connu tout le reste sauf ce que tu as éveillé en moi, et parce que j'ai cette connaissance et cette faim, je vois plus clairement ce que nous devons faire. peu romanesque , mais souviens-toi que même un grand amour peut se lasser et se lasser, et c'est cela que je n'aurai pas, ce qui ne doit pas être. Sa voix s'était élevée avec l'intensité de son humeur. Elle dit plus solennellement : « Vous avez peur des autres hommes, de mes autres humeurs, vous n'avez aucune raison. Cet amour qui vient à certains comme l'éveil de la vie est pour moi la fin de toutes choses. si je le déprécie, je ne devrais pas y survivre. »

Elle continua à parler, d'une voix basse et invariable. Il sentit son esprit s'éclaircir et ses doutes se dissiper, et il attendit avec impatience qu'elle finisse, pour lui montrer que sa faiblesse du moment avait disparu et qu'il était toujours l'homme de grande vision qui l'avait réveillée.

"Il y a des gens qui peuvent mettre de l'ordre dans leur amour comme ils mettent de l'ordre dans leur maison. Nous ne sommes pas de ce genre, Ben. Je suis une femme qui a vécu de sensations. Toi aussi, tu es une rêveuse et une poète au bas. Si j'abandonnais l'opéra et devenais pour toi une simple femme au foyer, s'il n'y avait plus de difficulté à nous rencontrer, tu m'aimerais encore — oui, parce que tu es fidèle — mais le romantisme, le mystère, le désir dont nous avons tous deux besoin disparaîtrait . Oh, je sais. Eh bien, vous et moi, nous ne pouvons vivre que d'une grande passion, et pour avoir des joies féroces et indicibles, nous devons aussi souffrir : la souffrance de la séparation. Est-ce que tu comprends?"

"Oui je le fais."

"C'est pourquoi je n'abandonnerai jamais ma carrière. C'est pourquoi je peux supporter la tristesse de te quitter. Je veux que tu sois fier de moi, Ben. Je veux que tu me considères comme quelqu'un que des milliers de personnes désirent et seulement vous pouvez l'avoir. Je veux que notre amour soit si intense que chaque jour passé séparément soit lourd du désir l'un de l'autre, chaque jour ensemble est précieux car ce sera un jour plus proche de l'horrible venue d'une autre séparation. Croyez-moi, j'ai raison. J'y ai beaucoup réfléchi. Vous avez votre carrière diplomatique et vos ambitions. Je ne vous ai jamais demandé d'y renoncer pour me suivre. En janvier, vous aurez un congé. et nous serons ensemble pendant quelques semaines merveilleuses, et en mai je reviendrai ici, rien ne sera changé. Elle tendit le bras jusqu'à l'endroit où un léger point rouge apparaissait encore sur l'eau invisible. " Et chaque nuit nous attendrons, comme nous avons attendu, côte à côte, l'arrivée de notre petit bateau, — *notre p'tit bateau* "

"Tu as raison," dit-il en posant ses lèvres sur son front. "J'étais jaloux. Je suis désolé. C'est fini."

"Mais moi aussi, je suis jalouse", dit-elle en souriant.

"Toi?"

"Bien sûr, personne ne peut aimer sans être jaloux. Oh, j'aurai peur de chaque femme qui s'approchera de toi. Ce sera une agonie", dit-elle, et le feu dans ses yeux lui apporta plus de bonheur guérisseur que tout son bonheur. mots.

"Vous avez raison", répéta-t-il.

Il la quitta avec une petite pression de la main et se dirigea vers le bord de la véranda. Une brise nerveuse et soupirante était venue avec la pleine lune, et sous lui il entendait le bruissement troublé des feuilles dans l'obscurité, le tamisage et la dérive d'objets fatigués et lâches, le mouvement de la nuit qui éveillait une humeur agitée dans l'obscurité. son âme. Il l'avait écoutée proclamer son amour, et pourtant cet amour, sans illusions, lui rappelait vivement d'autres passions. Il se souvenait de son premier amour, une histoire de garçon et de fille, et le contrastait nettement avec une douleur soudaine à cette absence d'impulsions et d'illusions, de phrases, de vœux, sans logique, lancés dans la douce folie du moment. Pourquoi n'avait-elle pas crié quelque chose d'impulsif, promis des choses qui ne pouvaient pas se produire. Puis il se rendit compte, là, au clair de lune des moissons, à la fin de l'été, qu'il n'était plus un jeune, que certaines choses ne pouvaient pas être vécues et que, comme elle l'avait dit, lui aussi sentait que c'était là le moment idéal. grand amour, le dernier qu'il partagerait; que si cela prenait fin, sa jeunesse prenait fin et avec sa jeunesse tout ce qu'il avait en lui s'accrochait à la vie.

Il se tourna et la vit, le menton au plat de la paume, suivant régulièrement son humeur. Il n'avait fait qu'une douzaine de pas, et pourtant il avait mis mille milles entre eux. Il eut presque un sentiment de trahison, et pour chasser ces nouvelles pensées inquiètes, il se répéta encore :

"Elle a raison."

Mais il n'est pas revenu immédiatement. Le souvenir d'autres amours, si faibles qu'ils fussent en comparaison de cet élan absorbant, lui avait pourtant donné un certain point de vue objectif. Il se voyait clairement et comprenait ce que l'avenir lui réservait de douleur.

"Comme je vais souffrir!" il s'est dit.

"Tu t'éloignes tellement de moi", dit-elle soudain, avertie par un instinct de femme.

Il fut surpris par la conjonction de ses paroles et de son humeur. Il revint précipitamment et s'assit à côté d'elle. Elle lui prit la tête dans ses mains et le regarda anxieusement dans les yeux.

"Qu'est-ce que c'est?" dit-elle. "Vous avez peur?"

"Un peu", dit-il à contrecœur.

« De quoi… des mois qui viendront ?

"Du passé."

"Que veux-tu dire?" dit-elle en se retirant un peu, comme si elle était troublée par cette pensée.

"Quand je suis avec toi, je sais qu'il n'y a pas un coin de ton cœur que je ne possède pas", commença-t-il évasivement.

"Bien?"

« Seulement, c'est le passé, les habitudes du passé », murmura-t-il. " Je te connais bien, Madeleine, tu as besoin de force, tu n'avances pas seule. C'est le génie des femmes comme toi : tendre la main et s'attacher des hommes qui les fortifient, les contraignent. "

"Ah, je comprends," dit-elle lentement.

"Oui, c'est de cela que j'ai peur", dit-il rapidement.

"Vous pensez à l'artiste, pas à la femme."

"Ah, il n'y a aucune différence, pas pour un homme qui aime", dit-il impulsivement. "Je sais combien ton amour est grand pour moi, et j'y crois. Je sais que rien ne viendra l'effacer. Seulement tu seras seul, tu auras tes épreuves et tes ennuis, tes jours de dépression, de doute, quand tu tu auras besoin de quelqu'un pour te redonner confiance en toi, ton courage dans ton travail, et puis, je ne dis pas que tu aimeras quelqu'un d' autre, mais tu auras besoin de quelqu'un près de toi qui t'aime, toujours à ton service... "

"Si seulement tu pouvais me comprendre," dit-elle en l'interrompant. "Les hommes, les autres hommes, sont pour moi comme des acteurs. Quand je suis sur scène, quand je joue Manon, tu crois que je vois qui joue Des Grieux ? Pas du tout. Il est là, il me donne ma *réplique* , il m'excite les nerfs, je dis mille choses à voix basse, quand je suis dans ses bras je l'adore, mais quand le rideau baisse, je sors de scène et je ne lui dis même pas bonsoir.

"Mais lui, il ne le sait pas."

" Bien sûr que non ; les ténors ne le font jamais. Eh bien, c'est bien ainsi que j'ai vécu, c'est bien ce que les hommes ont représenté pour moi. Ils donnent la *réplique* à mes humeurs, à mes besoins, et quand je n'ai plus besoin de eux, je m'en vais tranquillement. C'est tout. Je leur prends ce que je veux. Bien sûr, ils seront autour de moi, mais ils ne seront rien pour moi. . Tu ne comprends pas ça ? »

"Oui, oui, je comprends", dit-il sans sincérité. Puis il a lâché : « J'aurais quand même aimé que tu ne le dises pas.

"Pourquoi?"

"Je ne peux pas le voir comme vous le voyez, et en plus, vous m'avez mis un doute que je ne souhaite jamais ressentir."

"Quel doute ?"

"Est-ce que je t'ai vraiment, ou seulement une de tes humeurs ?"

« Ben ! »

"Je sais. Je sais. Non, je ne vais pas penser de telles choses. Ce serait indigne de ce que nous avons ressenti." Il s'arrêta un instant et lorsqu'il reprit la parole, sa voix était sous contrôle. "Madeleine, souviens-toi bien de ce que je te dis maintenant. Je ne te parlerai probablement plus jamais avec une vérité aussi absolue, ni même ne me l'avouerai. J'accepte la nécessité de la séparation. Je sais toutes les souffrances qu'elle entraînera, toutes les les doutes, les jalousies irraisonnées. Je suis assez grand en expérience pour comprendre ce que tu viens de me suggérer, mais en tant qu'homme qui t'aime, Madeleine, je ne le comprendrai jamais, je sais qu'une douzaine d'hommes peuvent entrer dans ta vie, vous intéresser intensément, voire vous absorber pendant un moment, et qu'ils ne vous signifieront toujours rien dès que je viendrai. Eh bien, je suis différent pendant votre absence, je ne verrai pas une femme sans ressentiment. Je ne penserai à personne d'autre qu'à toi, et si je le faisais, je cesserais de t'aimer.

"Mais pourquoi?"

"Parce que je ne peux rien partager de ce qui vous appartient. C'est ma nature. Cela ne sert à rien de prétendre le contraire. La vôtre est différente, et je comprends pourquoi il en est ainsi. J'ai écouté beaucoup de confidences, compris beaucoup de vies que d'autres Je ne comprendrais pas. J'ai toujours soutenu qu'il est naturel pour un être humain d'aimer plusieurs fois, même s'il peut y avoir dans le même cœur un grand amour irrésistible et un petit amour, je le crois encore, avec mon esprit. . Je sais que c'est vrai. Ce sont les choses que nous aimons analyser ensemble dans la nature humaine. Je sais que c'est vrai, mais ce n'est pas vrai pour moi. Non, je ne le comprendrais jamais trop bien. Je suis jaloux de tout le passé – oh, incroyablement jaloux. Je sais qu'à peine tu seras parti que je serai torturé par les doutes les plus ridicules, je te reverrai au clair de lune à travers cette mer sans fin avec d'autres hommes près de toi. .Je rêverai d'autres hommes avec des millions, prêts à vous donner tout ce que vos yeux adorent. J'imaginerai des hommes aux grands esprits qui vous fascineront. Je me dirai même que maintenant que vous savez ce que peut signifier un grand amour, vous risquerez d'autant plus d'en avoir besoin, de chercher quelque chose pour le contrefaire... "

"Ben, mon pauvre Ben, affreux", murmura-t-elle.

"C'est comme ça. Dois-je vous dire autre chose ?"

"Quoi?"

"J'aurais sincèrement aimé que tu ne m'aies jamais dit un mot du passé."

"Mais comment peux-tu dire de telles choses ? Nous avons été honnêtes l'un envers l'autre. Toi-même—"

"Je sais, je sais, je n'ai aucun droit moi-même, et pourtant voilà. C'est quelque chose d'effrayant, cette folie de possession qui m'arrive. Non, je n'ai pas peur de ne pas toujours être le premier dans ton cœur, seulement je comprends les besoins, les habitudes de votre nature, je me comprends maintenant comme jamais auparavant, et c'est pourquoi je vous le dis solennellement, Madeleine, si jamais un instant un autre homme entre dans votre vie, jamais, jamais. , fais-moi savoir."

"Mais-"

"Non, ne dis rien dont je puisse me souvenir pour me torturer. Mentez-moi."

"Je n'ai jamais menti."

"Madeleine, il vaut mieux être miséricordieux que dire la vérité, et après tout, que signifie un tel aveu ? Cela signifie seulement qu'on libère sa conscience et que la blessure, la douleur, reste chez l'autre. Quoi qu'il arrive , ne me dis jamais. Tu comprends ?

Cette fois, elle ne répondit rien. Elle cessa même de le regarder, la tête baissée, les bras immobiles, un seul doigt tournant lentement sur le bras ondulant de son fauteuil.

"J'essaierai de toutes les forces que j'ai de ne jamais poser cette question", s'est-il précipité. "Je sais que je ferai cent vœux pour ne pas le faire, et je sais que la première fois que je te regarderai en face, je le laisserai échapper. Ah, si... si... s'il doit en être ainsi, ne me le dis jamais, car il y a des pensées que je ne peux pas supporter maintenant que je te connais. Il se jeta à ses côtés et la prit brutalement dans ses bras. "Madeleine, je sais ce que je dis. Je te dirai peut-être le contraire plus tard. Je pourrai le dire à la légère, en faisant semblant que cela n'a aucune importance. Je peux te demander la vérité les larmes aux yeux, je peux te jurer que rien que l'honnêteté compte entre nous, que je puisse tout comprendre, pardonner, tout oublier. Eh bien, quoi que je dise ou fasse, ne me le dis jamais, si tu apprécies mon bonheur, ma tranquillité d'esprit, ma vie même !"

Elle posa sa main sur ses lèvres puis sur son front pour le calmer, ramenant sa tête vers son épaule.

"Écoute, Ben," dit-elle doucement. "Moi, la Madeleine Conti qui vous aime, je suis un autre être. Je vous adore à tel point que je détesterai tous les autres hommes, comme vous détesterez toutes les autres femmes. Il n'y aura jamais la moindre tromperie ni la moindre infidélité entre nous. Posez toutes vos questions à à tout moment. Je sais qu'il ne peut désormais y avoir qu'une seule réponse. Ne te fatigue pas dans une fièvre insensée. Il me reste si peu de temps.

Jamais il n'avait entendu sa voix si profonde, si sincère et si tendre, et pourtant, alors qu'il s'abandonnait au contact de ses mains douces, abandonnant tous ses doutes, il sentit une nouvelle alarme s'insinuer dans son cœur ; et, mécontent de ce qu'il avait lui-même imploré un instant auparavant, dans le souffle avec lequel il murmurait : « Je te crois », il se dit :

"Est-ce qu'elle dit cela parce qu'elle y croit ou a-t -elle commencé à mentir ?"

II

Pendant sept ans, ils vécurent la même existence, séparés tantôt pendant trois mois, tantôt six, et une fois à cause d'un voyage effectué en Amérique du Sud pendant près d'un an.

La première fois qu'il la rejoignit, après cinq mois de nostalgie, il resta une semaine sans crier les paroles qui lui pesaient sur le cœur. Un jour, elle lui dit :

"Qu'est-ce qu'il y a derrière tes yeux, caché, que tu étouffes ?"

"Tu sais," lâcha-t-il.

"Quoi?"

"Ah, j'ai essayé de ne pas le dire, de l'atténuer. Je ne peux pas, cela me dépasse. Je n'aurai pas de paix tant que cela ne sera pas dit."

"Donc dis-le."

Il prit son visage dans ses deux mains et la regarda dans les yeux.

"Depuis que je suis parti," dit-il brutalement, "il n'y a plus personne d'autre dans ton cœur ? Tu as été fidèle à moi, à notre amour ?"

"J'ai été vraie", répondit-elle avec un petit sourire.

Il garda longtemps les yeux sur elle, hésitant s'il devait se taire ou continuer, puis, tout à coup, convaincu, il fondit en larmes et lui demanda pardon.

"Oh, je n'aurais pas dû le demander, pardonne-moi."

"Fais ce qui est le plus facile pour toi, mon amour," répondit-elle. "Il n'y a rien à pardonner. Je comprends tout. Je t'aime pour ça."

Seulement, elle ne lui posait jamais de questions, ce qui l'alarmait.

Le deuxième reportage avait associé son nom à celui d'un certain Gabriel Lombardi, un grand baryton avec lequel elle se produisait. Lorsqu'il arriva, dès qu'ils furent seuls, il la fit tournoyer dans ses bras et cria d'une voix étranglée :

"Jure-moi que tu as été fidèle."

"Je jure."

"Gabriel Lombardi"?

"Je ne peux pas le supporter".

"Ah, si je ne t'avais jamais dit de me mentir, j'étais un imbécile."

Puis elle dit calmement, avec cette profonde conviction qui l'animait toujours : " Ben, quand tu m'as demandé ça, je t'ai dit que je ne mentirais jamais. Je t'ai dit la vérité. Aucun homme n'a jamais eu la pression de mes doigts, et aucun homme ne le fera jamais. »

Son émotion avait été si intense qu'il en eut presque un paroxysme. Lorsqu'il ouvrit les yeux, il trouva son visage mouillé de larmes.

« Ah, Madeleine, dit-il, je suis brutal avec toi. Je n'y peux rien.

"Je ne voudrais pas que tu m'aimes différemment," dit-elle doucement, et à travers ses larmes, il sembla voir un léger sourire insaisissable, qui disparut rapidement s'il était jamais là.

Une autre fois, il se dit : « Non, je ne dirai rien. Elle viendra elle-même vers moi, m'entourera de ses bras et me dira en souriant qu'aucune autre pensée n'a été dans son cœur pendant tout ce temps. . Si j'attends qu'elle fasse le pas, elle le fera à chaque fois – et ce sera bien mieux. »

Il attendit trois jours, mais elle ne fit aucune allusion. Il en attendit un autre, puis il dit d'un ton léger :

"Vous voyez, je me réforme."

"Comment ça?"

"Eh bien, je ne pose plus de questions idiotes ."

"C'est tellement."

"Toujours-"

"Bien?" dit-elle en levant les yeux.

" Pourtant, tu aurais peut-être deviné ce que je voulais, " répondit-il, un peu blessé.

Elle se releva rapidement et s'approcha de lui avec légèreté, posant sa main sur son épaule.

"Est-ce que c'est ce que tu souhaites ?" dit-elle.

"Oui."

Elle répéta lentement ses protestations et, lorsqu'elle eut fini, dit : « Prends-moi dans tes bras, fais-moi mal.

« Maintenant, elle comprendra », pensa-t-il ; "la prochaine fois, elle n'attendra pas."

Mais chaque fois, même s'il martyrisait son âme dans la patience, il était obligé de poser la question qui ne le laissait pas de repos.

Il ne comprenait pas pourquoi elle ne lui épargnait pas cette inutile agonie. Parfois, quand il voulait trouver une excuse, il se disait que c'était parce qu'elle se sentait humiliée qu'il devait encore douter. À d'autres moments, il tombait sur des explications qui le terrifiaient. Alors il se rappelait avec amertume la promesse qu'il lui avait exigée, promesse qui, au lieu de lui apporter la paix, ne lui avait laissé qu'un tourment sans fin, et oubliant toutes ses protestations, il se criait dans une sueur froide :

"Ah, si elle ment vraiment, comment puis-je en être sûr ?"

III

En huitième année, Madeleine Conti se retire de la scène et annonce son mariage. Après cinq années de bonheur complet , elle tomba soudainement malade, à la suite d'une exposition à une tempête dévastatrice. Un après-midi, alors qu'il attendait à son chevet, parlant d'une voix brisée de tout ce qu'ils avaient été l'un pour l'autre, il lui dit d'une voix qu'il essayait nerveusement de ramener au calme :

"Madeleine, tu sais que notre vie commune s'est déroulée sans la moindre ombre depuis le début. Tu sais que nous nous sommes prouvés combien notre amour était immense. Au cours de toutes ces années, j'ai grandi en maturité et en compréhension. Je n'en regrette qu'une. chose, et je l'ai amèrement regretté, chaque jour, de vous avoir demandé une fois, si... si jamais un autre homme entrait dans votre vie pour me le cacher, pour me mentir. C'était une grave erreur. Je n'ai jamais cessé de le regretter. Notre amour a été si au-dessus de toutes les choses du monde qu'il ne doit pas y avoir la moindre dissimulation entre nous. Je vous libère de cette promesse. Dites-moi maintenant la vérité. Cela ne signifiera rien pour moi. Pendant huit ans, quand nous avons été séparés, il y a eu... il a dû y avoir des moments, des moments de solitude, de faiblesse, où d'autres hommes sont entrés dans votre vie, n'est-ce pas ?

Elle se tourna et le regarda fixement, ses grands yeux semblant plus grands et plus brillants à cause de la fièvre accrue de ses joues. Puis elle fit un petit signe négatif de la tête, toujours en le regardant.

"Non jamais."

"Tu ne comprends pas, Madeleine," dit-il insatisfait, "ou bien tu penses encore à ce que je t'ai dit là à Etretat. C'était il y a treize ans. Alors je commençais à peine à t'aimer, je craignais pour le l'avenir, pour tout. Maintenant, je vous ai testé, et je n'ai jamais eu de doute. Je connais la différence entre la chair et l'esprit ; je sais à quel point cela aurait été impossible. moi."

"Il n'y a rien à dire", dit-elle lentement.

"Je m'attendais à ce que tu aies d'autres hommes qui t'aiment autour de toi", dit-il fébrilement. "Je savais qu'il en serait ainsi. Je te jure que je m'y attendais. Je sais pourquoi tu continues à le nier. C'est pour mon bien, n'est-ce pas ? Je t'aime pour ça. Mais, crois-moi, dans un tel moment rien ne doit nous séparer, Madeleine, Madeleine, je vous en supplie, dites-moi la vérité.

Elle continuait à le regarder fixement, sans détourner ses grands yeux, tandis que, s'oubliant, il se précipitait :

"Oui, dis-moi la vérité, ce ne sera plus rien maintenant. D'ailleurs, je l'ai deviné. Seulement, je dois le savoir d'une manière ou d'une autre. Toutes ces années, j'ai vécu dans le doute. Tu vois ce que cela signifie pour moi. Tu Je dois comprendre ce qui m'est dû après toute notre vie ensemble, Madeleine, tu m'as menti ?

"Non."

« Écoutez, » dit-il désespérément. "Tu ne m'as jamais posé la même question - pourquoi, je n'ai jamais compris - mais si tu m'avais interrogé, je n'aurais pas pu répondre honnêtement à ce que tu as fait. Là, tu vois, il n'y a plus la moindre raison pour que tu ne dises pas la vérité. ".

Elle ferma à moitié les yeux, avec lassitude.

"J'ai dit... la vérité."

"Ah, je n'arrive pas à y croire", s'écria-t-il, emporté. "Oh, maudit jour où je t'ai dit ce que j'ai fait. C'est ça qui me torture. Tu m'adores, tu ne veux pas me faire de mal, laisser une blessure derrière toi, mais je te jure que si tu m'as dit la vérité , je je devrais sentir un grand poids enlevé de mon cœur, un poids qui était là depuis toutes ces années. Je devrais savoir que chaque recoin de ton âme m'avait été montré, rien ne m'a été caché, je le saurais absolument, Madeleine, crois-moi, quand je le ferais. dis-le, quand je te dis que je dois savoir. Chaque jour de ma vie j'ai payé le prix, j'ai subi les doutes des damnés, je n'ai jamais connu une heure de paix, je t'en supplie , je t'en supplie, laisse-le seulement ! moi, je connais la vérité ; la vérité ; je dois connaître la vérité ! »

Il s'arrêta brusquement, tout tremblant, et lui tendit les mains, le visage fouetté de souffrance.

"Je n'ai pas menti", dit-elle lentement, après une longue étude. Elle leva les yeux, fit faiblement un signe de croix et murmura : « Je le jure.

Puis il ne retint plus ses larmes. Il baissait la tête et son corps tremblait de sanglots, tandis que de temps en temps il répétait : « Dieu merci, Dieu merci ».

IV

Le lendemain, Madeleine Conti subit une soudaine aggravation qui surprend les assistants. Le docteur Kimball, le docteur américain, et le père François, qui avait administré les derniers sacrements, se promenaient ensemble dans le petit jardin à la française, où le soleil projetait autour d'eux des ombres courtes et brillantes de feuillages épars.

"C'était une artiste extraordinaire et sa vie était encore plus extraordinaire", a déclaré le Dr Kimball. " J'ai entendu ses débuts à l'Opéra Comique. Pendant dix ans, son nom a fait les manchettes dans toute l'Europe. Puis tout d'un coup elle rencontre un homme que personne ne connaît, tombe amoureuse et se transforme. Ces femmes sont des exemples vraiment extraordinaires de l'hystérie. Chaque fois que j'en connais une, elle me fait comprendre le phénomène scientifique de Marie-Madeleine. Il s'agit en réalité d'une réaction nerveuse, la plus violente, qui s'éteint le plus vite et ne semble laisser aucune trace. l'amour est venu aussi comme une conversion religieuse. Je devrais dire que les phénomènes étaient identiques.

"Elle était heureuse", dit le curé en se tournant pour partir.

"Oui, c'était une grande romance."

"Un rare. Elle l'adorait. L'amour est une marée qui nettoie tout."

" Pourtant, elle était sur scène jusqu'au bout. Vous savez qu'elle n'aurait pas son mari dans la salle à la fin. "

« Elle avait un grand cœur », dit doucement le curé . "Elle souhaitait lui épargner cette souffrance."

"Elle avait une volonté extraordinaire", dit le médecin en lui jetant un rapide coup d'œil. Il ajouta timidement : « Elle a posé deux questions assez curieuses.

"En effet", dit le curé en s'attardant un moment avec la main sur la grille.

"Elle voulait savoir si les personnes en délire parlaient du passé et si après la mort le visage retrouvait son calme."

« Que lui as-tu dit à propos des effets du délire ? dit le curé avec son visage vide.

"C'était un point difficile à trancher", dit lentement le médecin. " Sans doute, dans un délire, tout se mélange, le réel et l'imaginaire, le souvenir et le fantasme, l'expérience réelle et la vie onirique intérieure de l'esprit si difficile à classer. C'est après cela qu'elle la fit " Mon mari promet de ne la voir que lorsqu'elle sera consciente et de rester éloigné jusqu'à la fin. "

"Cela se comprend facilement", dit doucement le curé , sans changer d'expression sur son visage qui contenait les secrets de mille confessionnaux. "Comme tu le dis, depuis dix ans, elle avait vécu une vie différente. Elle avait peur que dans son délire une référence à cette époque ne blesse inutilement l'homme qui avait fait de sa vie. Elle avait un grand courage. Que la paix soit avec son âme. ".

« Pourtant » — le docteur Kimball hésita, comme s'il réfléchissait à la formulation d'une question délicate ; mais le père François, faisant un petit signe amical d'adieu, sortit du jardin, et son visage vide fut illuminé un instant par un de ces rares sourires qu'on voit sur le visage des saints hommes ; des sourires qui semblent regarder avec une foi parfaite les mystères du monde à venir.

MÊME TROIS

je

Depuis le jour historique où un ecclésiastique en visite a accompli l'exploit de tirer une balle du dixième tee à un angle de deux cent vingt-cinq degrés dans la rivière qui est le réceptacle légitime du huitième tee, le parcours de golf de Stockbridge a avait dix-sept trous sur dix-huit qui sont ponctués d'éventuels obstacles d'eau. Le charmant parcours lui-même se trouve dans le plat des prairies englouties que les Housatonic, au cours des quelques milliers d'années nécessaires à la bonne préparation d'un terrain de golf, ont obligeamment mangé sur les hautes falaises qui l'accompagnent. La rivière, qui va en frétillant comme convulsée par la gaieté, est garnie d'ormes et de saules luxueux, qui détournent parfois vers les difficiles putting-greens les tranches aléatoires de certains amateurs notoires.

Depuis les falaises spectaculaires du village instruit de Stockbridge, rien ne peut être imaginé plus charmant que le panorama que présente le parcours lors d'une journée bien remplie. Sur les étendues douces et vertes, on peut voir de minuscules caddies trottiner avec de longs filets à boucles, tandis que depuis les berges de la rivière, de nombreuses jambes imprudemment exposées s'agitent dans les airs tandis que les portions les plus socialement présentables pendent frénétiquement au-dessus du courant tourbillonnant. Parfois, on peut voir un golfeur enthousiaste, partant du huitième ou du neuvième tee, se lancer immédiatement à la poursuite d'une balle déviée, le balancement du club et le saut intuitif des jambes vers l'avant formant un mouvement si continu que le but principal de le jeu devient souvent obscur pour le simple spectateur. Plus près, dans les nombreuses rigoles languissantes que la nature a généreusement aménagées pour protéger les intérêts des fabricants, ou dans les parcelles ondulantes d'herbe non tondue, qui dans les heures ultérieures seront peuplées de caddies enthousiastes, des groupes désespérés s'attardent dans des attitudes botanistes.

Chaque matin, des avocats qui négligent leurs clients, des médecins qui ont oublié leurs patients, des hommes d'affaires qui ont sacrifié leurs affaires, même des ministres de l'Évangile qui ont abandonné leurs églises, se rassemblent dans les loges bruyantes et écoutent avec une attention servile pendant que quelques personnes non nettoyées un garçon de moins de quatre-vingts ans transmet un peu de son savoir miraculeux.

Deux heures plus tard, pour dix sorties si allègrement, deux reviennent écrasés et découragés, dénonçant et renonçant au jeu, une fois pour toutes, absolument et définitivement, jusqu'à l'après-midi, où ils reviennent comme des voleurs dans la nuit et s'aventurent dehors. dans un espoir désespéré ;

deux autres reviennent avec un enthousiasme encore plus offensif ; et les autres rentrent chez eux, maussades et désillusionnés, ravivant leurs esprits déprimés par des récits impossibles de réalisations passées.

Il y a quelque chose dans ces rassemblements crépusculaires qui suggère la dégénérescence d'une race sauvage ; la contamination n'a pas non plus une signification purement locale. Il y a ceux qui mentent consciemment, avec une certaine plongée franche, louable et de tout cœur dans l'iniquité. De tels hommes retournent à leurs occupations mondaines avec une vigueur intellectuelle intacte et une réaction naturelle envers le décalogue. D'autres, au tempérament plus casuistique, incapables d'abandonner d'un seul coup les traditions d'une conscience de la Nouvelle-Angleterre aux exigences du jeu, ne se lancent pas d'emblée dans le mensonge, mais par un processus confus, affaiblissent leur mémoire et corrompent leur imagination. Ils ne mentent jamais sur les événements de la journée. Au contraire, ils reviennent à un événement confus de la semaine précédente et se leurrent avec seulement un scrupule persistant, jusqu'à ce que, par habitude, ils puissent créer ce qui est en réalité une forme de paranoïa, l'illusion de grandeur ou un ego exagéré. De tels hommes, inoculés d'auto-illusion, retournent dans le monde extérieur pour tromper les autres, abaisser les normes de la moralité des affaires, contaminer la politique et menacer la vigueur de la république. RN Booverman , le trésorier, et Theobald Pickings, le secrétaire peu envié d'un trésor non envié, sont arrivés au premier tee à dix heures précises un certain matin favorable du début d'août pour commencer les trente-six trous qui, six fois par semaine, six mois par an, ils jouaient ensemble comme des adversaires sympathiques et bien assortis. Leur intimité était née principalement du fait que Pickings était le seul homme disposé à écouter les dissertations agitées de Booverman sur les destins malins qui semblaient le poursuivre même au mépris de leurs devoirs internationaux, tandis que Booverman , en échange équitable, laissait Pickings s'élargir. ad libitum sur sa théorie des putting-greens roulants versus plats.

Pickings était l'un de ces golfeurs correctement façonnés et pointilleux dont la position était calquée sur des lignes classiques, dont le drive, bien qu'il ne mesurait en moyenne que vingt-cinq mètres sur cent, était toujours une exposition bien huilée et gracieuse du swing du Royal St. Andrew's. la plante gauche levée, les globes oculaires bombés sous la dernière tension musculaire, le club ramené jusqu'à ce que tout le corps soit contorsionné dans la première position du serpent-cerceau traditionnel se préparant à descendre une colline. Il utilisait la poignée imbriquée, transportait un sac avec un tournevis à cuillère, un cleek en aluminium , trois putters anormaux et portait un gant en peau de chamois avec des trous d'aération sur le dos. Il n'a jamais accompli le parcours en moins de quatre-vingt-cinq ans et n'a jamais dépassé quatre-vingt-quatorze ans, mais, ayant eu pour objectif de donner le bon exemple plutôt que de lutter vulgairement pour des records professionnels, il a toujours été dans un état d'optimisme offensif dû à une complète satisfaction vestimentaire.

Booverman , au contraire, avait été salué dès ses premières années comme un futur champion. Avec trois trous éliminés, il pourrait rendre une carte distinguée par ses quatre et ses trois ; mais malheureusement, ces tristes erreurs se produisirent inévitablement. Comme Booverman lui-même l'a admis, son apparition sur les terrains de golf a été le signal pour les capricieux diablotins du hasard qui incitent les politiciens à des vérités indiscrètes et maintiennent bouillonnant le pot de discorde balkanique, à abandonner immédiatement ces tâches principales et à profiter d'un peu de détente à ses frais.

Or, pendant les trois premières années, Booverman a réagi de manière à ravir les diablotins et les diables. Alors qu'il se tenait trente-quatre pour les six premiers trous, il s'est faufilé dans la jungle et, après vingt minutes de battage frénétique du buisson, a été forcé de reconnaître une balle perdue et aucun score, il s'est immédiatement assis, a arraché de grandes touffes d'herbe. du gazon, et s'est exprimé pour le plus grand plaisir admiratif des caddies, qui comparaient favorablement son flot de jurons impulsifs aux moments choisis de leur propre vie familiale. D'autres fois, il prenait fermement dans ses grandes mains une massue fautive et la brisait en quatre morceaux qu'il enfonçait dans le sol, en jetant la tête elle-même, d'un dernier geste diabolique, dans la rivière Housatonic, qui, comme on peut le croire, répété, se fraye un chemin à travers le parcours comme s'il était convulsé par la gaieté.

Il y avait certains arbres dans lesquels il se dirigeait inévitablement, certains méandres agités de la rivière où, quelle que soit la façon dont il se dirigeait, il était sûr d'arriver. Il y avait un espace d'exactement dix pouces sous le club-house où ses couilles seules pouvaient disparaître. Il ne courait jamais sur une longue distance, mais s'accrochait toujours au bord de la tasse. C'est son adversaire qui a exécuté des tirs phénoménaux, des approches de quatre-vingts mètres qui ont dribblé jusqu'à la maison, des drives tranchés qui ont heurté une clôture et ont rebondi sur le parcours. Rien d'aussi agréable ne lui était jamais arrivé et ne pourrait jamais lui arriver. Finalement, la conviction d'une certaine damnation prédestinée s'empara de lui. Il ne luttait plus ; son esprit autrefois joyeux s'est transformé en un désespoir maussade. Rien ne l'encourageait ou ne pouvait le tromper dans une démonstration d'espoir. S'il réalisait un quatre et deux deux dès les premiers trous, il dirait d'un ton vindicatif :

"A quoi ça sert ? Je vais perdre ma balle le cinquième."

Et lorsque cela se produisit, il ne jura plus, mais dit sombrement, avec même un sentiment de satisfaction : « Vous ne pouvez pas m'exciter. Ne savais-je pas que cela arriverait ?

De temps en temps, il avait déclaré : « Si jamais ma chance tourne, si elle arrive d'un seul coup... »

Mais il ne termina pas sa phrase, comme honteux de s'être laissé aller à une fantaisie aussi enfantine. Pourtant, alors que la Providence agit de manière mystérieuse pour accomplir ses merveilles, c'est justement ce pessimisme invincible qui seul aurait pu permettre à Booverman d'accomplir l'incroyable expérience qui lui est arrivée.

II

Les sujets d'intérêt mental captivant sont de mauvais ton sur les terrains de golf, car ils laissent un souvenir troublant dans l'esprit pour le détourner de cette concentration intellectuelle absolue qu'exige le jeu. C'est pourquoi Pickings et Booverman , alors qu'ils se dirigeaient vers le premier tee bondé, remarquèrent *de rigueur* :

"Beau temps."

"Un peu un jeu d'enfant."

"Pas assez fort pour affecter les disques."

"Les légumes verts ont disparu."

"Vite comme je les ai vus."

"Eh bien, ça ne m'aidera pas."

"Comment savez-vous?" » dit Pickings poliment pour la centième fois. "Peut-être que c'est le jour où tu auras ton score."

Booverman ignora cette remarque, posa sa balle sur le support, où attendaient deux prédécesseurs, et s'installa à côté de Pickings au pied de l'orme qui plus tard, il le savait, lui volerait un quatre sur le green d'origine.

Wessels et Pollock, représentants littéraires, se préparaient à prendre la voiture. Ils étaient des convertis de l'été, chacun sacrifiant la production de sa saison dans un effort frénétique pour surpasser l'autre. Pickings, le puriste, ne les approuvait pas du tout. Ils apportèrent au jeu royal et ancien un esprit d'irrévérence et de plaisanterie bohème qui offensa son sérieux enthousiasme.

Lorsque Wessels a lancé un coup convulsif sur sa balle et a heureusement atteint une bonne distance, Pollock a remarqué derrière sa main : "Un bon tir, bon sang !"

Wessels s'est posté dans une attitude, espérons-le, dépréciative et a regardé Pollock construire un monument de sable, équilibrer sa balle et, en sifflant nerveusement entre ses dents, se jeter avec succès. Alors, au mépris de l'étiquette, il jura avec la même ferveur, et ils partirent.

Pickings jeta à Booverman un regard supérieur et critique, mais à ce moment un homme maigre, dyspeptique, aux moustaches indisciplinées, fit irruption sereinement, sans attendre les réponses aux questions qu'il posait :

" Un temps idéal, hein ? Je suis venu de Norfolk ce matin, j'ai roulé à cinquante milles à l'heure. Certains vont, hein ? On me dit que vous avez un sacré parcours ici ; enregistrez environ soixante et onze milles, n'est-ce pas ? Bonne affaire d'eau pour éviter les fissures ? Vous avez une route assez rapide avec tout ce temps sec ? Que pensez-vous du pilote monobloc ?

Un personnage lourd, qui avait l'air gonflé à bloc pour le voyage, salua gravement, tandis que son compagnon fiévreux roulait :

" Votre parcours est plutôt court, n'est-ce pas ? Imaginez que c'est plutôt facile pour un pilote hétéro. Quel est votre palmarès ? Soixante et onze amateurs ? Plutôt élevé, n'est-ce pas ? Vous avez beaucoup de cracks par ici ? Les caddies semblent rares. L'un de vous, messieurs, a-t-il déjà réfléchi à quel point il est surprenant qu'on ne fasse pas de meilleurs scores à ce jeu. Maintenant, prenez soixante et onze ; cela fait seulement un sous quatre, et j'ose dire qu'au moins six de vos trous sont des deux possibles ? tout le reste, à un moment ou à un autre, a été réalisé en trois. Pourtant, vous n'entendez jamais parler de scores phénoménaux, n'est-ce pas, comme une chance à la roulette ou au poker. Vous voyez mon idée ?

"Je crois que c'est votre tour, monsieur", a déclaré Pickings, à la fois écrasant et parlementaire. "Il y en a plusieurs qui attendent."

Le juge Weatherup envoyait une balle parfaite dans les hautes herbes, où les recherches réussies duraient en moyenne dix minutes, tandis que son volubile compagnon, avec une immense dépense de force, se faufilait dans la rigole de gauche, qui était à la fois humide et rétentive.

« Allons-nous jouer jusqu'au bout ? » dit Pickings avec une précision formelle. Il a lancé sa balle, a effectué exactement huit swings d'entraînement complets et a parcouru cent cinquante mètres comme d'habitude directement au milieu du parcours.

"Eh bien, c'est droit; c'est tout ce qu'on peut en dire", dit-il, comme il le dirait aux dix-sept tees suivants.

Booverman employait rarement ce slogan. Ce chemin droit et étroit ne faisait pas partie de sa pratique religieuse. Il a conduit une longue balle, et il en a conduit un grand nombre qui ne sont pas rentrés dans son sac. Il jeta un regard plein de ressentiment vers la droite, là où le juge Weatherup chevauchait la clôture, et vers la gauche, là où Yancy agaçait les ouaouarons.

"Merde-les !" il s'est dit. " Bien sûr, maintenant, je vais emboîter le pas."

Mais que la force maligne de la suggestion ait été neutralisée ou non par l'attraction dans des directions opposées, sa course allait droit et loin, sur une belle distance de deux cent quarante mètres.

"Tine shot, M. Booverman ", a déclaré Frank, le professionnel, en hochant la tête, "gratuit et facile, avec beaucoup de suivi."

"Vous êtes en route aujourd'hui", dit Pickings joyeusement.

"Bien sûr ! Quand j'obtiens un bon drive dès le premier tee", a déclaré Booverman découragé, "je gâche tout le reste. Vous verrez."

"Oh, viens maintenant", dit Pickings, pour la forme. Il a joué son coup, qui est arrivé méthodiquement jusqu'au bord du green.

Booverman a pris sa purée pour le court coup d'élan jusqu'à la goupille, qui semblait si proche .

"Je suppose que j'ai essayé ce tir mille fois", dit-il sauvagement. " N'importe qui d'autre obtiendrait un trois une fois sur cinq, n'importe qui sauf le frère préféré de Jonas. "

Il balança négligemment et regarda avec un intérêt tolérant la balle blanche rouler vers le green tout droit vers le drapeau. Tout à coup, Wessels et Pollock, qui étaient en tête, sautèrent en l'air et commencèrent à agiter leurs chapeaux.

"Par George ! c'est arrivé !" dit Pickings. "Vous l'avez parcouru. Premier trou sur deux ! Eh bien, qu'en pensez-vous ?"

Booverman , peu convaincu, s'approcha du trou avec méfiance, retirant délicatement la goupille. En bas, bien sûr, pose sa balle pour un deux phénoménal.

« C'est la première chance qui m'arrive », dit-il furieusement ; "absolument la première fois de toute ma carrière."

"Je dis, vieil homme", a déclaré Pickings en guise de remontrance, "vous n'êtes pas en colère à ce sujet, n'est-ce pas?"

"Eh bien, je ne sais pas si je le suis ou non", a déclaré Booverman avec obstination. En fait, il se sentait plutôt floué. L'intégrité de son dossier a été attaquée. "Regardez, je joue trente-six trous par jour, deux cent seize par semaine, mille par mois, six mille par an; dix ans, soixante mille trous; et c'est la première fois qu'un peu de chance arrive pour moi, une fois sur soixante mille fois.

Pickings sortit un mouchoir et s'essuya le front.

"Cela pourrait venir d'un seul coup", dit-il faiblement.

Ce doux espoir n'a fait qu'exaspérer Booverman . Il avait déjà lancé sa balle pour le deuxième trou, qui se trouvait sur une colline à cent trente-cinq mètres de là. C'est considéré comme plutôt facile en ce qui concerne les trous de golf. Les seuls dangers sont un espace sauvage d'herbes hautes devant le tee, la certitude d'atterrir hors des limites au moindre slice, ou de dévaler la colline dans une substance détrempée lors d'un tirage. Il y a aussi un arbre à frapper et un bac à sable à échantillonner.

"Maintenant, surveille mon petit ami le pommier", dit Booverman . "Je vais jouer pour ça, parce que si je tranche, je perds ma balle, et cela fait monter tout mon jeu plus haut qu'un cerf-volant." Il ajouta entre ses dents : "Tout ce que je demande, c'est d'arriver au huitième trou avant de perdre ma balle. Je sais que je vais la perdre là-bas."

Comme ses deux premiers coups ne lui ont pas procuré le moindre frisson de joie nerveuse, il a réussi un coup parfait, la balle portant le green droit et droit.

"C'est bien votre journée", a déclaré Pickings en se dirigeant vers le tee.

"Oh, il n'y a jamais eu aucun problème avec mes fers", dit sombrement Booverman . "Attendez juste que nous atteignions les quatrième et cinquième trous."

Lorsqu'ils ont gravi la colline, la balle de Booverman se trouvait à moins d'un mètre de la coupe, qu'il a facilement retirée.

"Deux vers le bas", dit Pickings d'une manière inaudible. "Par George ! quel début glorieux !"

« Une fois sur soixante mille fois », se disait Booverman . Le troisième trou se trouvait à deux cent cinq mètres plus bas, adossé à la route et entouré de fossés, où à ce moment Pollock, fidèle à ses traditions de correspondant de guerre, travaillait dans les tranchées, pour le plus grand plaisir de Wessels, qui avait passé au-delà.

"Theobald", dit Booverman en sélectionnant sa clé et en parlant avec une conviction inspirée, "je vais vous dire exactement ce qui va se passer. Je vais frapper cette petite pilule homéopathique, et elle atterrira exactement là où je la veux. Je vais probablement la mettre pour deux autres. Trois trous par deux exciteraient probablement n'importe quel autre être humain sur la face de ce globe. Cela ne m'excite pas très bien ce qui va suivre la quatrième ou la cinquième montre.

"Directement à l'épingle", a déclaré Pickings dans un murmure fort. "Aujourd'hui, vous avez une limite sur chaque tir. Merveilleux ! Lorsque vous obtenez une de vos séquences, mon jeu ne sert certainement à rien."

"Streak, c'est le mot", a déclaré Booverman avec un petit rire aboyant. "Mais Dieu merci, Pickings, je le sais ! Il y a cinq ans , j'aurais tremblé comme une feuille. Maintenant, ça me dégoûte. On m'a trop souvent trompé ; je ne mords plus."

Dans cette même humeur profondément mélancolique, il s'approcha de sa balle qui gisait sur le green, le trou en hauteur, et réussit un put difficile, trois bons mètres pour son troisième deux.

Pickings, malgré tout son conservatisme classique, était tellement submergé d'enthousiasme qu'il a réussi deux putts par-dessus le trou pour un cinq honteux.

de Booverman alors qu'il se dirigeait vers le quatrième tee était aussi triste qu'un brouillard londonien. Il plaça négligemment sa balle, choisit son chauffeur et alluma le Pickings agité avec la sombre solennité d'un père sur le point de se livrer à des châtiments corporels.

"Une fois sur soixante mille fois, Picky. Réalisez-vous ce qu'un départ comme celui-ci - trois deux - signifierait pour un professionnel comme Frank ou même un amateur qui n'a pas offensé tous les petits destins et toutes les fureurs de toute l'industrie du hoodoo ? Pourquoi , le record florissant serait battu au milieu de la semaine prochaine.

"Vous le ferez", dit Pickings dans un murmure fort. "Jouez prudemment."

Booverman jeta immédiatement un coup d'œil sur les quatre cents mètres et murmura pour lui-même :

"Je me demande, petite balle, où vas-tu voler ?

Je me demande, petite boule, est-ce que je t'ai dit au revoir ?

Est-ce que ce sera au milieu des Prairies, dans les régions à l'ouest ?

Sera-ce dans les marais où nichent les têtards ?

Oh, dis-moi, petite boule, c'est ta-ta ou au revoir ?"

" Oh, tell me, little ball, is it ta-ta or good-by? "

Il prononça le dernier mot avec une conviction inébranlable et poursuivit un long trajet tout droit. Pickings, ravi de la possibilité d'un autre miracle, a été mal tranché.

"C'est l'un des trous les plus délicieux d'un parcours pittoresque", a déclaré Booverman , sortant un cleek qui s'approchait pour son deuxième coup. "Rien n'est plus artistique que le petit carré de putting-green sous les branches hirsutes des saules. Le cimetière réceptif à droite lui donne un certain pathos, une note splendide et calme contrastant avec la sensation du rapide et affamé. rivière à gauche, qui va maintenant recevoir et emporter de ma main tendue ce petit flotteur blanc qui s'éloignera de moi. Peu importe ; je le répète, le quatrième vert est une chose d'une ravissante beauté.

Ce deuxième plan, bas et long, s'enroulait selon la même ligne invariable.

"Sur le green", a déclaré Pickings.

"Court", a déclaré Booverman , qui a constaté, à sa satisfaction, qu'il était juste à un mètre.

"Prenez votre temps", dit Pickings en se rongeant les ongles.

"Rats ! Je vais y jouer pour cinq", a déclaré Booverman .

Son approche courut sur la ligne, attrapa le bord de la coupe, hésita et dépassa quelques pieds.

"Quatre, en tout cas", dit Pickings avec soulagement.

"J'aurais dû avoir un trois", a déclaré Booverman avec obstination. " N'importe qui d'autre aurait eu un trois, directement sur la tasse. Tu aurais eu un trois, Picky ; tu sais que tu l'aurais fait. "

Pickings n'a pas répondu. Il s'effondrait peu à peu, oubliant le stoïcisme invincible qui fait la fierté du vrai golfeur.

"Je dis, prends ton temps, mon vieux," dit-il, sa voix n'étant plus sous contrôle. "Allez doucement ! allez doucement !"

"Picky, pendant les quatre premières années où j'ai joué sur ce parcours", a déclaré Booverman avec colère, "je n'ai jamais obtenu un meilleur qu'un six sur ce simple trou de trois cent cinquante mètres. J'ai perdu ma balle cinq fois sur sept. Il y a quelque chose d'irrésistiblement séduisant dans les zones de moustiques à ma droite, je pense que c'est le doux espoir que lorsque je perdrai cette belle nouvelle balle, je puisse marcher par inadvertance sur l'un de ses cent frères, que je pourrai ensuite ramener à la maison et offrir. un enterrement décent. »

Pickings, qui éprouvait un désir fou et peu golfique de le supplier de faire preuve de prudence, s'éloigna pour combattre son émotion.

"Bien?" dit-il après que le déclic de la massue eut retenti.

"Eh bien", dit Booverman sans joie, "cette balle repose à environ deux cent quarante mètres tout droit du parcours, et à ce moment-là, elle est arrivée tranquillement dans une petite maison confortable dans une belle et profonde trace de sabots, juste au moment où je je l'ai trouvé hier après-midi. Ensuite, j'aurai le plaisir exquis de prendre mon niblick et de le balancer pour la perte d'un coup. Cela m'énervera, et je trancherai ou tirerai. La meilleure chose à faire, je suppose. , ce serait de jouer pour un six conservateur. »

Lorsque, après quatre tirs massacrés, Pickings s'avança vers l'endroit où Booverman avait conduit, la balle se trouvait en position dégagée, juste au-delà des bosses et des rainures qui accueillent habituellement un tir lointain. Booverman a joué un mashy parfait , qui est tombé sans faute sur le green, et a réussi un put modéré pour un trois.

Ils traversèrent ensuite la route et arrivèrent par une allée de planches à un monticule de terre au milieu d'un marécage. Devant eux, le marais confortable stagnait devant eux, puis s'inclinait vers la droite en forme de boomerang, offrant à ceux qui avaient envie d'une tranche un charmant petit portage de cent cinquante mètres. A gauche, un cortège d'arbres, tandis qu'au-delà, sur le parcours, pour ceux qui conduisaient un long bal, un saule géant était tombé l'année précédente pour ajouter une nouvelle perplexité et favoriser l'engouement pour le luxe qui naissait parmi les gens. des caddies.

"J'ai le sentiment", a déclaré Booverman , comme perplexe mais pas dupe de ce qui s'était passé. "J'ai le sentiment étrange que je ne vais pas avoir d'ennuis ici. Ce serait trop évident. Nous sommes au septième ou huitièmes trous, quelque chose me guette. Eh bien, je ne perdrai pas de temps.

Il a frappé sa balle, a effectué un élan complet et a emporté la rive lointaine avec un tir bas qui a continué à bondir.

"Cela devrait durer éternellement", a déclaré Pickings, rouge d'excitation.

"Le parcours est rapide, sec comme de la pierre", a déclaré Booverman avec dépréciation.

Pickings a mis trois balles précisément dans l'eau bouillonnante et s'est rapproché sur son huitième tir. La voiture de Booverman avait survolé la plaine asséchée sur une bonne distance de deux cent soixante-quinze mètres. Son deuxième coup, un full cuivré, a roulé directement sur le green.

"S'il fait un quatre ici", se dit Pickings, "il jouera cinq sous quatre - non, par tonnerre ! sept sous quatre !" Soudain, il s'arrêta, bouleversé. "Eh bien, il a en fait environ trois ans – deux moins trois maintenant. Mon Dieu ! s'il s'en doute un jour, il partira en mille morceaux."

En conséquence, il a complètement raté sa propre balle, puis l'a dépassée sur cinquante mètres à peine.

"Je ne t'ai jamais vu jouer aussi mal", dit Booverman d'un ton grogneur. "Tu finiras par me déstabiliser."

Lorsqu'ils arrivèrent au green, la balle de Booverman se trouvait à environ dix mètres du drapeau.

"C'est un quatre, un quatre sûr", dit Pickings dans un souffle.

Soudain, Booverman poussa une exclamation.

« Picky, viens ici. Regarde, regarde ça ! »

Le ton était furieux. Les cueillettes approchées.

"Voyez-vous cela?" » dit Booverman , désignant un cercle de gazon fraîchement posé à dix pouces de sa balle. "C'est là, mon garçon, que se trouvait la coupe hier. S'ils n'avaient pas déplacé le drapeau il y a deux heures, j'en aurais eu un trois. Maintenant, qu'en penses-tu pour une mauvaise chance ?"

"Laissez-le mort", dit Pickings avec anxiété, secouant la tête avec sympathie. "Le green est un peu rapide."

Le put courait lentement jusqu'au trou et s'arrêtait à quatre pouces de longueur.

"Par le ciel ! pourquoi n'ai-je pas mis ça dessus !" dit Booverman en brandissant son putter. "Un putt de trente pieds qui s'arrête à un pouce de moins - avez-vous déjà vu quelque chose de semblable ? Par tout ce qui est juste et équitable, j'aurais dû avoir un trois. Vous l'auriez eu, Picky. Seigneur ! si seulement j'avais pu mettre ! "

"Un sous trois", dit Pickings à son moi intérieur palpitant. "Il ne peut pas s'en rendre compte. Si seulement je pouvais garder son esprit hors du score !"

Le septième tee est atteint par un escalier fatigant et soigneusement planifié menant au sommet d'une falaise, où trois églises à l'arrière attirent tant d'anges enregistreurs pour gonfler les listes du purgatoire. À mesure que vous avancez vers le bord abrupt, tout s'étale devant vous ; rien n'est caché. Dans le premier plan, les branches enchevêtrées d'une vingtaine de pommiers sont prêtes à piéger une boule étêtée et à l'enterrer sous d'impossibles amas de feuilles sèches. Au-delà, les courts de tennis câblés émettent une note musicale et métallique lorsqu'ils sont attaqués. À mi-distance, un magnifique sycomore vous attire vers la gauche, et une file d'ormes vous indique le chemin tranché vers un marais, un désert d'herbe et un ravin envahi par la végétation d'où aucune balle ne revient. Devant, à cent vingt mètres, se trouve un redoutable bunker, auquel aboutit une étendue d'herbes hautes, qui, deux ou trois fois par an, est tondue par une entreprise charitable. Le septième trou lui-même se trouve à deux cent soixante mètres de là, dans un creux gardé par un fossé en contrebas, à trois ou… à six.

Booverman était encore trop indigné du tour que le sort lui avait joué sur le dernier green pour céder à une autre émotion. Il oubliait qu'une douzaine de bons scores s'étaient terminés brusquement dans la rigole de droite. Il était seulement irrité. Il a enfoncé sa balle, a enfoncé ses orteils dans le sol et a envoyé un autre long et satisfaisant entraînement, ce qui a ajouté encore plus de carburant à sa colère.

" N'importe qui d' autre aurait eu un trois sur le six", marmonna-t-il en quittant le tee. "C'est trop ridicule."

Il eut une approche courte et un lancer facile, sortit sa balle de la coupe et dit d'un ton blessé :

"Picky, je me sens mal à propos de ce sixième trou, et du quatrième aussi. J'ai perdu un coup sur chacun d'eux. Je joue deux coups de plus que je n'aurais dû. Arrêtez tout ! ce sixième n'était pas le cas. c'est vrai ! Tu m'as dit que le vert était rapide.

"Je suis désolé", a déclaré Pickings, sentant ses doigts devenir froids et moites sur la poignée.

Le huitième trou offre de nombreuses opportunités faciles. Il fait cinq cent vingt mètres de long, et des choses peuvent arriver à chaque coup. Vous pouvez commencer devant le tee en enfouissant votre balle dans l'herbe ondulante, ce qui est toujours autorisé à une sorte de licence poétique. Il y a les pièges à franchir jusqu'au septième trou, et à droite, la rivière parallèle peut être atteinte par un court coup ou une longue tranche sinueuse, que le vent dominant aide obligeamment à une descente éclaboussante.

"Et maintenant nous sommes arrivés au huitième trou", a déclaré Booverman en levant son chapeau en signe de profonde salutation. "Chaque fois que j'arrive ici avec un bon score , je prends de huit à dix-huit, je perds une à trois balles. Au contraire, quand j'en ai en moyenne six, j'obtiens toujours un cinq et souvent un quatre. Comment ce trou a changé Ma vie entière!" Il leva sa balle et lui adressa tendrement la parole : « Et maintenant, petite balle, il faut se séparer, toi et moi. Cela semble dommage ; tu es la plus gentille petite balle que j'aie jamais connue. Tu m'es resté très longtemps. pendant que c'est dommage."

Il a lancé et a fait son meilleur drive, et l'a suivi avec un cuivré qui l'a placé à vingt mètres du green, où une bonne approche a amené les quatre désirés.

"Même trois", se dit Pickings, comme s'il avait vu un fantôme. Désormais, il n'était qu'un golfeur d'une génération ; il n'y avait rien dans son héritage pour le maintenir dans une telle crise. Il commença lentement à se désintégrer moralement, à revenir au type. Il se contint jusqu'à ce que Booverman se soit libéré de la rivière qui longe tout le passage vert jusqu'au neuvième trou, puis contrôlant à peine l'impulsion d'attraper Booverman par les genoux et de l'implorer à la discrétion, il éclata :

"Je dis, cher garçon, sais-tu quel est ton score ?"

"Quelque chose bien en dessous de quatre", a déclaré Booverman en se grattant la tête.

"Moins de quatre, rien ; même trois !"

"Quoi?"

"Même trois."

Ils se sont arrêtés et ont recensé les trous.

"Il en est ainsi", a déclaré Booverman , étonné. "Quel dommage infernal !"

"Pitié?"

"Oui, dommage. Si seulement quelqu'un d' autre pouvait jouer le rôle !"

Il étudia les cent cinquante mètres qu'il fallait parcourir pour atteindre le green qui était enchâssé dans le croissant d'arbres environnants, changea son cuivre pour son cleek, et son cleek pour son midiron.

"J'aurais aimé que tu ne me le dises pas, " dit-il nerveusement.

Pickings comprit sur-le-champ son erreur. Pour la première fois, le tir de Booverman est passé à côté du but, directement dans les arbres qui bordaient la rivière sur la gauche.

"Je suis désolé", dit Pickings avec un faible gémissement.

"Mon cher Picky, cela devait venir", a déclaré Booverman en haussant les épaules. "La balle est maintenant perdue, et tout le score s'envole dans les airs, le score le plus miraculeux dont on ait jamais entendu parler n'est rien d'autre qu'un œuf écrasé !"

"Il a peut-être rebondi sur le parcours", a déclaré Pickings, désespéré.

"Non, non, Picky, pas ça. Au total, soixante mille fois, j'ai heurté des arbres, des granges, des voies ferrées, des caddies, des clôtures... "

"Le voilà!" s'écria Pickings avec un cri de joie.

Juste sur le parcours, au bord même du green, se trouvait la balle, qui fut bientôt coulée pour un quatre. Pickings ressentit un désir étrange et inexplicable de sauter sur Booverman comme un chien pelucheux et enthousiaste ; mais il s'est battu avec le nouveau sens des responsabilités qui lui est venu. Alors il dit astucieusement : « Par George ! mon vieux, si tu n'avais pas manqué le quatrième ou le sixième, tu en aurais même fait trois !

"Vous savez ce que je devrais faire maintenant - je devrais arrêter", a déclaré Booverman , profondément désespéré - "arrêter le golf et ne plus jamais lever un autre club. C'est un crime de continuer; c'est un crime de gâcher un tel record. Vingt- huit pour neuf trous, il n'en faut que quarante-deux pour que les neuf suivants battent le record, et je l'ai fait en trente-trois — et en cinquante-trois, je ne devrais pas essayer ;

Il lança sa balle pour le vol de deux cents mètres jusqu'au dixième facile et prit sa balle.

"Je sais exactement ce qui va se passer maintenant ; je le sais bien."

Mais cette fois, il n'y eut aucune variation dans le vol ; le drive s'est déroulé fidèlement au green, directement sur le drapeau, où un putt bon mais pas difficile a apporté un deux.

"Même encore trois", dit Pickings, mais pour lui-même. "Ça ne peut pas continuer. Il faut que ça tourne."

"Maintenant, Pickings, cela va s'arrêter", a déclaré Booverman avec colère. "Je ne vais pas me ridiculiser. Je vais jusqu'au tee, et je vais envoyer ma balle directement dans les bois et y mettre fin. Et je m'en fiche."

"Quoi!"

"Non, je m'en fiche. Voilà."

Encore une fois, son drive est resté fidèle, le lancer puré pour le second était précis, et son put, après avoir fait le tour du bord de la coupe, est descendu pour un trois.

Le douzième trou est un autre plongeon dans les hautes herbes qui pourrait servir de lit d'éléphant, puis à travers la rivière Housatonic, un parcours de cent vingt mètres jusqu'au green au pied d'un arbre intrusif.

"Oh, je suppose que j'en ferai trois autres ici aussi", dit Booverman d'un air maussade. "Cela ne fera qu'empirer les choses."

Il roulait avec son midiron haut dans les airs et plein drapeau.

"Je vais jouer prudemment mon put pendant trois", a-t-il déclaré en hochant la tête. Au lieu de cela, il a couru tout droit pendant deux.

Il marcha silencieusement jusqu'au redoutable treizième tee, qui, avec le quatorzième retour, forme les malins Scylla et Charybde du parcours. Il n'y a rien pour décrire le treizième trou. Ce n'est pas vraiment un trou de golf ; c'est un espace de respiration long et étroit, serré par la voie ferrée d'un côté et par la rivière de l'autre. Les golfeurs résolus et intrépides les éliminent souvent complètement et n'ont pas non plus honte de reconnaître leur terreur. Lorsque vous vous trouvez au treizième tee, tout est flou à l'œil. A proximité se trouvent des joncs et de l'eau, des bois à gauche et à droite ; le fleuve et le chemin de fer ; et la terre ferme, à une centaine de mètres, semble minuscule et lointaine, comme un rocher au milieu des inondations.

Un trajet long et variable est voué à sortir des limites ou à prendre la pénalité de la rivière.

"Ne prenez pas de risques. Prenez un fer à repasser, jouez-le prudemment", a déclaré Pickings d'une voix qui semblait méconnaissable à ses propres oreilles.

Booverman suivit son conseil et atterrit près de la clôture à gauche, presque à l'extérieur de la foire. Un midiron pour son deuxième l'a mis en position pour quatre autres, et a de nouveau ramené son score à trois.

Lorsque le golfeur audacieux a franchi en tremblant le chemin étroit et qu'il survit encore, il devient immédiatement victime du quatorzième, qui est un trou courbe, avec toutes les angoisses du treizième précédent, augmentées d'un deuxième coup au-dessus d'un long étang pâteux. . Si vous jouez un fer prudent pour vous éloigner de la voie ferrée, maintenant à droite, ou pour éviter la rivière sur votre gauche, vous êtes obligé de vous approcher du bord du marais avec un coup de course prudent de cinquante mètres avant de faire face au terreurs du portage. Un coup de massue en bois est presque sûr d'entraîner dans le marais, et seul un tir prudent est sûr.

"J'aurais aimé jouer à ça pour la première fois", a déclaré Booverman d'un ton noir. "J'aimerais pouvoir oublier, me débarrasser de mes souvenirs. J'ai vu des amateurs de classe A en prendre douze et des professionnels huit. C'est la fin de toutes choses, Picky, l' endroit le plus triste du monde. Je ne perdrai pas de temps. Voilà. ".

À la grande horreur de Pickings, le trajet commença lentement à sortir des limites, en direction de la voie ferrée.

"Je le savais", dit calmement Booverman , "et le prochain ira là aussi ; alors j'en mettrai un dans la rivière, deux dans le marais, et je le trancherai..."

Tout à coup, il s'arrêta, abasourdi. La balle, frappant un pneu ou un rail, bondissait haut dans les airs, en avant, en arrière sur le parcours, couchée dans une position parfaite ; Pickings a dit quelque chose dans un esprit purement respectueux.

"Deux fois sur soixante mille fois", a déclaré Booverman , implacable. "Cela n'égalise que le sixième trou. Deux fois sur soixante mille fois !"

D'où se trouvait la balle, un simple coup de cuivre l'a amenée suffisamment près du green pour en négocier quatre autres. Pickings, tremblant comme un chien en peluche par temps nul, a atteint le green en dix coups et a pris trois puts supplémentaires.

Le quinzième, un court terrain au-dessus de la rivière, à quatre-vingts mètres d'un green incliné entièrement entouré d'herbes plus hautes, ce qui lui donnait l'apparence d'une tache au menton sur un visage plein de moustaches, était le trou préféré de Booverman . Tandis que Pickings gardait les yeux au sol et essayait de respirer régulièrement, Booverman plaçait sa balle, conduisait avec la rotation arrière requise et atterrissait mort dans le trou. Deux autres en ont résulté.

"Même trois, quinze trous sur trois", se dit Pickings, la tête commençant à palpiter. Il voulait s'asseoir et prendre ses tempes entre ses mains, mais pour le bien de l'histoire, il a lutté.

"Bon sang!" dit Booverman tout à coup.

"Quel est le problème?" dit Pickings en observant son visage noir de fureur.

« Réalisez-vous, Pickings, ce que cela signifie pour moi d'avoir perdu ces deux coups sur les quatrième et sixième greens, et sans que ce soit de ma faute ni l'un ni l'autre ? Même trois coups sur tout le parcours, c'est ce que je pourrais faire si j'avais ces coups. deux coups – la plus grande chose qu'on ait jamais vue sur un terrain de golf. Il faudra peut-être cent ans avant qu'un être humain sur cette terre ait une telle chance. Et dire que j'aurais pu le faire avec un peu de chance. !"

Pickings sentit son cœur se mettre à battre, mais il fut capable de dire avec un certain calme :

"Vous pouvez obtenir un trois ici."

"Jamais. Quatre, trois et quatre, c'est ce que je vais finir."

"Eh bien, mon Dieu ! que veux-tu ?"

"Il n'y a cependant aucune joie à cela", a déclaré Booverman d'un ton sombre. "Si j'avais ces deux coups en retour, j'entrerais dans l'histoire, je serais immortel. Et toi aussi, Picky, tu serais immortel, parce que tu as fait le tour avec moi. Le quatrième trou était déjà assez mauvais, mais le sixième était déchirant.

Sa route franchit un autre marécage et descendit largement le plateau le plus éloigné. Un long cleek a déposé sa balle hors du green, une bonne approche s'est arrêtée un peu avant le trou et le put a chuté.

"Eh bien, c'est fini", dit Booverman d'un air sombre.

"Pour y parvenir, je dois faire un deux et un trois. Le deux est tout à fait possible ; le trois est absurde."

Le dix-septième trou revient au marais qui anime le sixième. C'est une cleek pleine, avec environ six risques mentaux répartis dans les embuscades indiennes, et dans cinq d'entre eux une balle peut rester jusqu'au jour du jugement avant de remonter.

Pickings lui tourna le dos, incapable de supporter l'agonie de regarder. Le déclic du club était net et vrai. Il se tourna pour voir la balle en plein vol arriver infailliblement en haut du green.

"Une chance pour deux," dit-il dans un souffle. Il a envoyé deux ballons dans le terrain perdu à gauche et un dans le rough à droite.

"Ne faites pas attention à moi", dit-il en coupant de façon imprudente.

Booverman étudia avec un peu de soin le parcours de dix pieds jusqu'au trou et le posa.

"Même trois !" » dit Pickings en s'appuyant contre un arbre.

« Explosez ce sixième trou ! » dit Booverman en explosant. « Pensez à ce que cela pourrait être, Picky, à ce que cela devrait être !

Pickings se retira précipitamment devant l'approche tremblante du club frénétique de Booverman . Incapable de parler, il lui fit signe faiblement de conduire. Il recommença à compter, incrédule, comme s'il doutait de ses sens.

"Un sous trois, même trois, un sur, pair, un sous—"

"Ici ! Qu'est-ce que tu fous ?" dit Booverman avec colère. « Vous essayez de me déstabiliser ?

"Je n'ai rien dit", a déclaré Pickings.

"Tu ne l'as pas fait… marmonnant pour toi-même."

"Je dois le mettre en colère pour qu'il ne pense pas au problème", dit Pickings faiblement pour lui-même. Il a ajouté à haute voix : " Arrêtez de vous plaindre de votre vieux sixième trou ! Vous avez eu la plus grande chance que j'aie jamais vue, et pourtant vous râlez. "

Booverman jura dans sa barbe, s'approcha précipitamment de sa balle, conduisit parfaitement et se retourna de rage.

"Chance?" cria-t-il furieusement. "Pickings, j'ai envie de te tordre le cou. Chaque coup que j'ai joué a été mort sur la broche, maintenant, n'est-ce pas ?"

« Et le neuvième trou : frapper un arbre ? »

"À qui était la faute ? Tu n'avais pas le droit de me dire mon score, et en plus, de toute façon, je n'en ai eu qu'un quatre ordinaire."

"Et la voie ferrée ?"

"Un tir hors des limites. Oui, je l'admets. Cela égalise pour le quatrième."

"Et ton premier trou sur deux ?"

"Parfaitement joué ; pas de hasard du tout - une fois sur soixante mille fois. Eh bien, encore des ricanements ? Y a-t-il autre chose à critiquer ?"

"Laissons ça comme ça."

Booverman , dans cette humeur chahutée, s'est tourné avec irritation vers sa balle, a joué un long midiron, a juste franchi la berge en croissant de la dernière rigole et a couru sur le green.

Wild-eyed and hilarious, they descended on the club-house with the miraculous news

"Maudit soit ce sixième trou !" » dit Booverman , jetant son club et regardant Pickings. "Un coup en arrière, et j'aurais pu le faire."

Pickings a essayé de s'adresser, mais au moment où il a balancé son club, ses jambes ont commencé à trembler. Il secoua la tête, inspira longuement et ramassa son ballon.

Ils se sont approchés du green en courant, ivres, dans l'espoir fou qu'un short put était possible. Malheureusement, la balle se trouvait à trente pieds de là et le chemin menant au trou était cahoteux et criblé de vers. Pourtant, il y avait une chance, aussi désespérée soit-elle.

Pickings a laissé son sac glisser sur le sol et s'est assis, se couvrant les yeux pendant que Booverman avec son putter essayait d'effacer les crêtes.

"Se lever!"

Les cueillettes montaient convulsivement.

"Pour l'amour du ciel, Picky, lève-toi ! Essaie d'être un homme !" dit Booverman d'une voix rauque. "Pensez-vous que j'ai du courage quand je vous vois avec des frissons et de la fièvre ? Préparez-vous !"

"D'accord."

Booverman aperçut le trou, puis prit position ; mais la rivière qu'il tenait à la main tremblait comme un tremble. Il se redressa et s'éloigna.

« Picky, » dit-il en s'épongant le visage, « je ne peux pas le faire. Je ne peux pas le dire. »

"Vous devez."

"J'ai la fièvre du mâle. Je ne pourrai jamais m'en débarrasser, jamais."

A la fin, n'étant plus calmé par un pessimisme invincible, Booverman s'était effondré. Il tremblait de la tête aux pieds.

"Regardez ça," dit-il en tendant une main flottante. "Je ne peux pas le faire ; je ne pourrai jamais le faire."

« Mon vieux, il le faut, » dit Pickings ; "Vous devez le faire. Rassemblez-vous. Ici!" Il lui a donné une tape dans le dos, lui a pincé les bras et lui a irrité les doigts. Puis il l'a ramené au ballon, l'a mis en position et a mis le putter dans ses mains.

"La fièvre de Buck", dit Booverman dans un murmure. "Je ne vois rien."

Pickings, tenant le drapeau dans la coupe, dit sauvagement :

"Tirer!"

La balle avançait en zigzag, courant de vers en vers, vacillant et se balançant, et à la fin, comme si elle était prédéterminée, elle tombait dodue dans la coupe !

Au même instant, Pickings et Booverman , comme emportés par le même boulet de canon, s'écrasèrent sur le green.

Cinq minutes plus tard, les yeux fous et hilarants, ils descendirent au club-house avec la nouvelle miraculeuse. Pendant une heure, les golfeurs rassemblés ont éclaté de rire alors que les deux se précipitaient, protestaient et juraient sur la vérité de l'histoire.

Ils allèrent de maison en maison dans une vaine tentative de trouver quelqu'un qui se convertisse à leurs revendications. Pendant un jour, ils passèrent comme des comédiens consommés, et plus ils cédaient à leur rage, plus leur art se déclarait consommé. Puis un changement s'est produit. Du rire, la ville instruite de Stockbridge s'est transformée en ressentiment, puis en irritation et enfin en suspicion. Booverman et Pickings ont commencé à perdre leur caste, à être considérés comme déséquilibrés, voire positivement dangereux. À leur insu, un comité a soigneusement examiné les livres du club. Lors de l'élection suivante, un autre trésorier et un autre secrétaire furent élus.

Depuis lors, mois après mois, jour après jour, dans un espoir patient, on peut voir les deux membres discrédités de la communauté instruite de Stockbridge, *accompagnés de caddies* , travailler dur autour des liens dans la croyance désespérée que le miracle qui les restaurerait jusqu'à la position debout peut être répété. Chaque fois qu'ils arrivent nerveusement au premier tee et se préparent à swinguer, quelque chose entre un rire et un sourire parcourt l'assemblée, tandis que les yeux gauches se contractent de manière agitée et qu'un murmure peut être entendu :

"Même trois."

Le parcours de golf de Stockbridge est d'une beauté ravissante et la rivière Housatonic, comme on l'a dit, se tortille autour comme si elle était convulsée par la joie.

SANS IMAGINATION

L'inspecteur Frawley, des services secrets canadiens, se tenait au garde-à-vous, attendant que le grattement d'un stylo cesse dans le bureau sombre et spacieux et que l'honorable secrétaire à la Justice lui fasse part de ses désirs.

Il se tenait avec déférence, le corps compact, les yeux clairs et fixes, le visage vide et contrôlé, sans distinction, sans signification, un homme médiocre comme une foule. Ses mains étaient vaguement jointes derrière son dos ; son regard, sans s'en dévier, restait obstinément fixé sur le profil de l'honorable secrétaire, comme si, dans cette salle historique, la note humaine seule pouvait contraindre sa curiosité.

Le léger grincement de la plume s'estompa dans les silences de la grande salle. Le secrétaire à la Justice passa ses doigts sur son front, leva les yeux et rencontra le regard de l'inspecteur – fixe, profond et mathématique. Avec un malaise soudain, il repoussa sa chaise, troublé par l'analyse de son homme banal, qui, dans un autre tournant du Destin, pourrait le poursuivre avec autant d'impartialité qu'il se tenait maintenant devant lui pour obéir à ses ordres. En quelques pas rapides, il traversa la pièce, alluma un cigare, souffla dans le tourbillon de fumée ce caprice de son imagination, et revint tranquillement, comme il convient à un homme de faits et de chiffres.

Se jetant librement dans un fauteuil, il jeta un rapide coup d'œil à sa montre, croisa les doigts et commença avec la franchise nerveuse de celui qui veut se débarrasser des formalités :

"Eh bien, inspecteur, vous êtes revenu ce matin ?"

"Il y a une heure, monsieur."

"Un travail louable, inspecteur Frawley. Le département est satisfait."

"Merci vraiment, monsieur."

"Est-ce que l'affaire a encore besoin de vous ?"

"Je devrais dire non, monsieur… non, monsieur."

« Êtes-vous prêt à vous présenter au travail ? »

"Oh, oui, monsieur."

"Dans combien de temps ?"

"Je pense que je suis prêt maintenant, monsieur, oui, monsieur."

"Ravi de l'entendre, inspecteur, très heureux. Vous êtes le seul homme que je voulais." Comme si les civilités avaient été suffisamment respectées, le secrétaire se raidit sur sa chaise et poursuivit rapidement : « C'est cette affaire de Toronto, vous avez lu les détails. Le gouvernement a perdu 350 000 $. Nous avons attrapé quatre membres de la bande, mais le meneur s'en est tiré. l'argent. L'avez-vous étudié ? Qu'en avez-vous pensé ?

Frawley s'assit avec raideur, accrochant son chapeau entre ses genoux et réfléchissant.

"Cela ressemblait effectivement à un travail américain", dit-il pensivement. "Je vous demande pardon, avez-vous dit qu'ils avaient attrapé certains membres du gang ?"

"Quatre... ce matin. Le télégramme vient d'arriver."

L'honorable secrétaire, un peu étranger pourtant à la routine du bureau, regarda Frawley avec un désir soudain de tester sa mémoire.

"Connaissez-vous le travail?" Il a demandé; "Pourriez-vous reconnaître le meneur ?"

"Ce n'est peut-être pas si difficile, monsieur", dit Frawley avec un signe de tête ; "Bien entendu, nous savons très bien qui est capable d'accomplir de tels travaux. Auriez-vous une description quelque part ?"

L'honorable secrétaire se leva, prit un papier sur son bureau et commença à lire. Sur son siège, l'inspecteur Frawley croisa soigneusement les jambes, leva les poings sous le menton et fixa le lecteur, mais sans concentrer son regard sur lui. Un jour, pendant le récit, il commença par une description, mais se détendit immédiatement. Le rapport terminé, le secrétaire le laissa tomber sur ses genoux et attendit, impressionné malgré lui à la pensée des immenses galeries de crime à travers lesquelles l'inspecteur cherchait sa victime. Tout à coup, dans ce regard aveugle, une lumière de compréhension vacilla. Frawley retourna dans la pièce, vit le secrétaire et hocha la tête.

"C'est Bucky," dit-il timidement. Un instant, son regard se porta pensivement vers un coin éloigné, puis il hocha lentement la tête, regarda le secrétaire et dit avec conviction : « Cela ressemble beaucoup, monsieur, à Bucky Greenfield.

— C'est Greenfield, répondit le secrétaire sans cacher son étonnement.

"Je voudrais faire observer", dit pensivement Frawley, sans remarquer sa surprise, "qu'il y a une petite erreur dans cette description, monsieur. C'est l'oreille gauche qui est cassée. De plus, il ne sort pas, sauf quand il le fait exprès. C'est donc Bucky Greenfield que je dois ramener, monsieur ?

Le secrétaire hocha la tête, inscrivant la correction de Frawley sur le papier.

"Bucky… eh bien, maintenant, c'est étrange !" » dit Frawley d'un ton songeur. Il se leva et fit un pas vers le bureau. "Très étrange." Machinalement, il vit les papiers éparpillés sur le dessus et les rangea en piles ordonnées. "Eh bien, il ne peut pas dire que je ne l'ai pas prévenu !"

"Quoi!" » interrompit le secrétaire avec un vif étonnement, « vous connaissez ce type ?

"En effet, oui, monsieur", dit Frawley avec un signe de tête. "Nous connaissons la plupart des escrocs aux États-Unis. Nous sommes également de bons amis, du moment qu'ils restent au-delà de la ligne. C'est utile, vous savez. Alors je dois m'en prendre à Bucky ?"

Le secrétaire, jugeant le moment arrivé impressionnant, dit solennellement :

« Inspecteur Frawley, si vous devez vous y tenir jusqu'à ce qu'il meure de vieillesse, vous ne devez jamais lâcher prise jusqu'à ce que vous ayez Bucky Greenfield ! Tant que l'Empire britannique tient bon, aucun homme ne volera un sou à Sa Majesté et dormira dedans. sécurité. Vous comprenez la situation ?

"Oui, monsieur."

L'Honorable Secrétaire, à moitié satisfait, poursuivit :

" Votre crédit est illimité, il n'en sera pas question. Si vous avez besoin d'acheter tout un gouvernement sud-américain, achetez-le ! À propos, il ira en Amérique du Sud, n'est-ce pas ? "

"Probablement... oui, monsieur. Au Chili ou en Argentine, il n'y a pas de traité d'extradition là-bas."

"Mais même alors", interrompit le secrétaire avec un froncement de sourcils nerveux, "il existe des moyens... d'autres moyens ?"

"Oh oui." Frawley, ramassant un coupe-papier, se tenait près de la cheminée et tapotait sa paume. « Oh, oui, il y a d'autres moyens ! Alors c'est Bucky — eh bien, je l'ai prévenu !

"Maintenant, inspecteur, pour régler l'affaire", interrompit le secrétaire, désireux de reprendre sa routine, "quand pourrez-vous vous occuper de l'affaire ?"

« Si les papiers sont prêts, monsieur… »

"Ils sont... tout. Le ministère de l'Intérieur a été câblé. Demain, tous les responsables britanniques du monde entier seront informés de vous prêter assistance et d'honorer vos projets."

L'inspecteur Frawley l'entendit avec approbation et consulta sa montre.

« Il y a un express pour New York qui part à midi », dit-il d'un ton réfléchi, puis, en jetant un coup d'œil à l'horloge, « trente-cinq minutes ; je peux y arriver, monsieur.

"Bon très bon."

« Si je puis me permettre, monsieur… si l'inspecteur qui a eu l'affaire en main pouvait faire un petit bout de chemin avec moi ?

"L'inspecteur Keech vous rejoindra au poste."

"Merci, monsieur. Y a-t-il autre chose ?"

Le secrétaire secoua la tête et, se levant, lui tendit la main avec enthousiasme.

"Bonne chance à vous, inspecteur, vous avez une grande chose devant vous, une très grande chose."

"Merci Monsieur."

« Au fait, tu n'es pas marié ?

"Non monsieur."

"C'est un préavis assez court. Depuis combien de temps travaillez-vous sur cette autre affaire ?"

"Un peu plus de six mois, monsieur."

"Tu ne veux pas quelques jours pour te reposer ? Je peux te le laisser très facilement."

"Cela ne fait vraiment aucune différence. Je pense que je vais partir aujourd'hui, monsieur."

"Oh, encore un instant, inspecteur—"

Frawley s'arrêta.

"Combien de temps penses-tu que cela devrait te prendre ?"

Frawley réfléchit et répondit prudemment :

"Ça va être long, je pense. Vous voyez, il y a plusieurs circonstances inhabituelles dans cette affaire."

"Comment ça?"

"Eh bien, Buck est intelligent, c'est indéniable, au sommet de la profession. Alors, il m'attend."

"Toi?"

"Ils sont vraiment bizarres", expliqua Frawley avec une pointe de fierté. "Les escrocs sont pleins de petites vanités. Vous voyez, Bucky sait que je n'ai jamais laissé de trace, et je pense que cela l'a plutôt énervé. Je pense qu'il n'était pas satisfait jusqu'à ce qu'il me défie. Il est très étrange – très étrange en effet. . C'est un peu personnel, je doute, monsieur, que je le ramène vivant.

"Inspecteur Frawley", a déclaré le nouveau secrétaire, "j'espère vous avoir suffisamment fait comprendre l'importance de votre mission."

Frawley regarda son chef avec surprise.

"Je dois rester avec lui jusqu'à ce que je l'aie", dit-il avec émerveillement ; "C'est tout, n'est-ce pas, monsieur ?"

Le secrétaire, agacé par son manque d'imagination, essaya une dernière phrase.

« Inspecteur, ceci est mon dernier mot », dit-il en fronçant les sourcils ; "N'oubliez pas que vous représentez le gouvernement de Sa Majesté, vous êtes le gouvernement de Sa Majesté ! J'ai confiance en vous."

"Merci Monsieur."

Frawley se dirigea lentement vers la porte et, la main sur la poignée, hésita. Le secrétaire d'État voyait dans ce mouvement une réticence à franchir le pas décisif qui devait lui ouvrir les vastes étendues du monde.

"Après tout, il doit avoir une pointe d'imagination", pensa-t-il rassuré.

"Je vous demande pardon, monsieur."

Frawley s'était retourné, embarrassé.

"Eh bien, inspecteur, que puis-je faire pour vous ?"

« S'il vous plaît, monsieur, » dit Frawley, « je pensais juste – après tout, cela fait un moment que je ne suis pas rentré à la maison – en effet, j'aimerais beaucoup si je pouvais prendre un bon anglais. une côtelette de mouton et une bière moisie chez le vieux Nell, monsieur, je peux toujours prendre le express de deux heures.

"Accordé!"

"Si vous préférez ne pas le faire, monsieur", dit Frawley, surpris du dépit de sa réponse.

"Pas du tout... prends quatorze heures... bonne journée, bonne journée !"

L'inspecteur Frawley, profondément perplexe, changea d'équilibre, ouvrit la bouche, puis, d'un mouvement de tête, répondit précipitamment :

« A… bonne journée, monsieur ! »

II

Sam Greenfield, connu sous le nom de « Bucky », âgé d'environ 42 ans, mesurant environ 5 pieds 10 pouces, pesant entre 145 et 150. Cheveux couleur souris, clairsemés sur le front, séparés au milieu, montrant le cuir chevelu en dessous ; la moustache serait plus claire que les cheveux, si elle n'était pas teinte ; généralement coupé à environ un pouce. Teint cireux, yeux bleu clair un peu rapprochés, nez fin, fossette proéminente sur la joue gauche, peut porter des moustaches. Des rires discrets. Lobe de l'oreille gauche cassé. Légèrement arqué. Pendant la conversation, il caresse le menton. Lorsqu'il se tient debout devant un comptoir ou un bar, il fait des mouvements, comme s'il se secouait, serrant lentement ses coudes sur le côté pendant un moment, puis, rejetant la tête en arrière, saute de ses talons. En rêvant, tente de mordre la moustache avec la lèvre inférieure. Lorsqu'il est assis sur une chaise, il se place sur le côté et pend ses deux bras sur le dos. En marchant, il repousse d'abord une partie du talon et est susceptible de vaciller de temps en temps. S'habille proprement, porte les mains dans les poches latérales uniquement – joue constamment du piano et compose au fur et à mesure. Pendant la journée, il fume vingt à trente cigarettes, les coupe en deux pour le fume-cigarette et les jette après trois ou quatre bouffées. Après le dîner, il fume invariablement un cigare. La coupe ressemble bien. La coupe de la signature est un fac-similé de son écriture originale.

Fort de cet acte d'accusation accablant contre la liberté du fugitif, pour échapper auquel Greenfield devrait changer de tempérament ainsi que d'aspect physique, l'inspecteur Frawley prit le premier bateau à vapeur de New York à l'isthme de Panama.

Il avait un léger doute sur la destination finale de Greenfield, car la fuite du criminel est un instinct aveugle pour le sud comme un retour effréné à la barbarie. A cette époque, le Chili et l'Argentine n'avaient pas encore accepté le principe de l'extradition et restaient la Mecque des contrevenants du monde.

Pourtant, même si Frawley se sentait certain du but de Greenfield, il ne frappa pas immédiatement pour l'Argentin. L'honorable secrétaire à la Justice avait éliminé la nécessité de considérer le temps. Frawley n'avait pas besoin de deviner ni de prendre de risques. Il lui fallait simplement devenir une roue dans la machinerie judiciaire, travailler lentement, inlassablement et inexorablement. Cette idée convenait admirablement à son tempérament et à ses envies.

Il arriva à Colon, prit le train pour Panama par le chemin laborieux où mille petits hommes grattaient sans fin, et au bord du Pacifique commença sa recherche. Personne n'avait entendu parler de Greenfield.

Au bout d'une semaine d'attente , il monta à bord d'un bateau à vapeur et parcourut en rampant la côte ouest de l'Amérique du Sud, enquêtant sur chaque port, bravant la fièvre jaune à Guayaquil, en Équateur, et faisant face à une émeute à Callao, au Pérou, avant de trouver à Lima la piste. du fugitif. Greenfield y avait passé la journée et était parti pour le Chili. Traînant chaque port intermédiaire avec la même prudence, Frawley suivit la piste jusqu'à Valparaiso. Greenfield était resté une semaine et repartit.

Frawley prit aussitôt un bateau à vapeur pour l'Argentine, traversa la langue de l'Amérique du Sud, par le détroit de Magellan, et arriva enfin dans le port de Buenos Ayres.

Une heure plus tard, alors qu'il prenait place à la table des Criterion Gardens, une main se posa sur son épaule et quelqu'un derrière lui dit :

"Eh bien, Boub !"

Il a tourné. Un homme mince, de taille moyenne, aux yeux bleus et au teint jaune, riait en attendant sa déconfiture. Frawley déposa soigneusement le menu, releva la tête et répondit doucement :

"Pourquoi, comment vas-tu , Bucky ?"

III

"Nous serrons, bien sûr", a déclaré Greenfield en tendant la main.

"Pourquoi pas ? Asseyez-vous."

Le fugitif se glissa sur une chaise et passa ses bras sur le dossier, demandant immédiatement :

« Qu'est-ce qui t'a pris si longtemps ? Tu me cherches, bien sûr ?

"Suis-je?" » répondit Frawley en le regardant fixement. Greenfield, avec un tic d'épaules, revint à sa question :

"Qu'est-ce qui t'a pris si longtemps ? Tu ne pensais pas que je viendrais directement ?"

"Je ne devine pas", a déclaré Frawley.

"Que dirais-tu de dîner avec moi ?" dit Greenfield avec un sourire malicieux. "Je te dois ça. J'ai écourté tes vacances. D'ailleurs, tu le sais toi-même, tu ne peux pas me toucher ici. Pourquoi ne pas en parler franchement ? Dis, Bub, est-ce que ce sera ma faute ?"

"Je suis disposé."

Un serveur s'approcha et prit sans hésitation la commande donnée par Greenfield.

"Tu vois, même le dîner était prêt pour toi", dit-il avec un clin d'œil ; "Vois comme tu l'aimes." D'un geste d' impatience, il écarta le menu, carra les bras sur la table, et regarda soudain son poursuivant avec la diablerie d'écolier qui brillait dans les yeux. "Eh bien, Bub, je suis entré dans ton Canady tout allumé !"

« Alors tu l'as fait… pourquoi ? »

"Eh bien," dit Greenfield, traçant des lignes avec la pointe de son couteau sur la sieste, "une des raisons était que je voulais voir si la boutique de Sa Majesté avait un bras aussi long et tout-puissant..."

"Et l'autre raison est que je t'ai prévenu de rester au-delà de la ligne."

"Eh bien, Bub, tu *es* un garçon brillant !"

"Ce n'est pas moi, Bucky," répondit Frawley en secouant la tête ; "c'est le gouvernement déchaîné qui est après vous."

"Bien, de premier ordre, alors nous aurons un peu d'excitation !"

« Tu en auras plein, Bucky !

"Peut-être, Bub, peut-être. Eh bien, j'ai fait un bon travail, n'est-ce pas ?"

"Vous l'avez fait", a admis Frawley avec un signe de tête reconnaissant. "Mais vous aviez tort – vous aviez tort – vous auriez dû rester à l'écart. Le gouvernement canadien n'est pas comme votre démocratie florissante . Il ne pardonne pas – il n'oublie pas. Mettez cela en pratique, Bucky. C'est un principe que nous j'ai un enjeu avec toi !"

"Je ne le sais pas?" s'écria Greenfield en frappant la table. "Pourquoi d'autre penses-tu que je l'ai fait ?"

Frawley le regarda, puis dit lentement : « Je leur ai dit que c'était une affaire personnelle.

" Bien sûr que ça l'était ! Pensez-vous que je pourrais rester à l'écart après que vous m'ayez mis en demeure ? D—— votre fierté anglaise et votre justice anglaise ! Je suis un assez bon Yankee pour voir si votre petite police est si mignonne et virée. petite bande de faiseurs de miracles, comme tu dis ! Bub, tu penses que tu vas avoir M. Greenfield, n'est-ce pas ?

"Je ne pense pas, Bucky—"

"Hein ?"

"Je reste simplement fidèle à toi."

« Reste à moi ! s'écria Greenfield avec un rugissement de dégoût. "Eh bien, espèce de Canuck sans imagination, travailleur et mangeur de bœuf, vous ne pouvez pas m'avoir comme ça ! Pourquoi, diable, n'avez-vous pas frappé ici, au lieu de vous frotter à toute la côte de l'Amérique du Sud ?"

"Bucky, tu ne comprends pas bien la situation", objecta Frawley, sans varier le ton de sa voix. "Supposons que c'était une société florissante qui m'avait envoyé... c'est ce que j'aurais fait. Mais c'est le gouvernement cette fois-ci, le gouvernement de Sa Majesté ! Le temps n'est pas une considération. J'aurais rasé tout le continent si J'avais dû le faire, même si je savais où tu étais.

"Eh bien, et maintenant ? Tu ne peux pas me toucher, Bub," ajouta-t-il sincèrement. "J'aime parler franchement, d'homme à homme. Maintenant, quel est votre jeu ?"

"Entreprise."

"Très bien, alors", dit Greenfield en fronçant les sourcils, "mais vous ne pouvez pas me toucher, maintenant. Un traité d'extradition est en préparation, mais il faudrait alors une clause rétroactive pour vous faire du bien." Il fit une pause, étudiant l'expression du visage de l'inspecteur. "Il y a assez de gens comme moi ici pour que cela n'arrive pas. Dis, Bub ?"

"Bien?"

"Vous vendez un paquet carré, n'est-ce pas ?"

"C'est ma réputation, Bucky."

"Donnez-moi votre parole, vous me jouerez au carré."

L'inspecteur Frawley, penché en avant, s'aidait activement. Greenfield, les lèvres pincées, étudiait chaque mouvement.

"Pas de trucs de kidnapping ?"

Sans lever les yeux, Frawley aiguisa vigoureusement son couteau contre sa fourchette et se mit à manger.

"Eh bien, Bub ?"

"Quoi?"

"Pas de kidnapping sophistiqué ?"

"Je ne promets rien, Bucky."

Il y eut un moment de silence pendant que Greenfield réfléchissait. Soudain, il tendit la main et dit d'un signe de tête : « Tu es un homme blanc, Bub, et je n'ai jamais entendu un mot contre ça. Il remplit un verre et le poussa vers Frawley. « Autant y réfléchir. Car j'ai plutôt une opinion avant d'en finir avec cette petite affaire : il y aura quelque chose qui vaudra la peine d'être discuté. »

"Alors c'est à toi, Bucky," dit Frawley en hochant la tête.

"Rappelez-vous ce que je vous dis ", dit Greenfield en regardant par-dessus son verre, "il va y avoir une raison de vivre."

"Je dis, Bucky," dit Frawley avec un intérêt paresseux, "est-ce qu'ils te serviraient le thé à cinq heures ici, je me demande ?"

Greenfield, reculant, eut un rire supérieur.

"Bub, je suis désolé pour toi, sur ma parole, je le suis."

"Comment ça va, Bucky ?"

"Eh bien, espèce de petit agneau anglais, tu n'as pas le moindre soupçon dans quoi tu t'embarques ! "

« Dans quoi je m'embarque, Bucky ?

Greenfield rejeta la tête en arrière avec un petit rire.

"Si vous m'obtenez, ce sera le dernier travail que vous réaliserez."

"Peut-être, peut-être."

"Puisque les choses sont honnêtes, écoutez ici", dit Greenfield avec un sérieux soudain. "Bub, tu ne me sauveras pas. Rien de personnel, tu comprends, mais ce sera ta vie ou la mienne. Si cela s'avère nécessaire, fais attention à toi-"

"Oh, oui," dit Frawley avec un signe de tête neutre, "je comprends."

"Je n'ai pas essayé de vous soudoyer", dit Greenfield en se levant. "Merci pour cela, même si un autre homme aurait pu être envoyé à vie."

"Merci," dit Frawley d'une voix traînante. "Et tu remarqueras que je ne t'ai pas conseillé de revenir et d'affronter la musique. Il me semble que nous nous comprenons."

« Voici mon adresse », dit Greenfield en lui tendant une carte ; "Peut t'éviter des ennuis. Je suis là tous les soirs." Il tendit la main. " Venez rencontrer les professeurs. Ils sont très intelligents ici. Ils apprécieraient également de vous rencontrer. "

"Peut-être que je le ferai."

"Ta-ta, alors."

Greenfield fit quelques pas, s'arrêta et se détendit avec un sourire plein de malice.

"Au fait, Bub, combien de temps les dinkies de Sa Majesté t'ont-ils donné ?"

"C'est un rendez-vous dans la vie, Bucky."

"Vraiment, bénissez-moi, alors votre gouvernement fleuri a du bon sens après tout."

Les deux hommes se saluèrent gravement, avec un échange d'adieu.

"Maintenant, Bub, reste en forme."

"Pareil pour toi, Bucky."

IV

La vue de Greenfield se promenant d'un pas léger parmi les tables bruyantes, la bravade dans ses manières, la diablerie dans le cœur, était le dernier aperçu que l'inspecteur Frawley était destiné à avoir de lui avant de nombreux mois. Il est vrai que Greenfield n'avait pas menti : l'adresse était authentique, mais l'homme avait disparu. Pendant des jours, Frawley fit parcourir la ville sans en avoir la moindre idée. Aucun paquebot n'avait quitté le port, pas même un vagabond. Si Greenfield ne se cachait pas, il devait s'être enterré à l'intérieur.

Il fallut une semaine avant que Frawley ne trouve la piste. Greenfield avait marché trente milles à travers le pays et pris le train pour Rio Mendoza sur la route à travers les Andes jusqu'à Valparaiso.

Frawley le suivit le même jour, quelque peu intrigué par ce soudain changement de base. Dans le train, le thermomètre indiquait 116°. La chaleur faisait de tout une solitude. Frawley, sans vie, étouffant et engourdi, se collait aux trous d'aération, les yeux fixés sur l'horizon, tandis que le train filait à travers les plaines nues, brûlant le dos des plaines comme la marque qui jaillit pour accueillir la chute du fouet. Pendant deux nuits, il regarda le soleil distendu, épuisé par sa propre folie, retomber dans le vide brûlant, et les étoiles torturées se lever sur le désert sinistré. Au bout de trente-six heures d'agonie, il arriva à Rio Mendoza. De là, il atteignit Punta de Vacas, se procura des mules et un guide, et se prépara à gravir les montagnes.

Le lendemain, à deux heures du matin, il commença à sortir de l'enfer. Les plaines torturées s'installaient sous lui. Une fraîcheur divine lui insufflait un nouvel espoir de vie. Il a quitté le conflit brûlant de l'été et est entré dans l'arôme du printemps.

Puis l'air devint intense, une nouvelle suffocation se pressa sur ses tempes, la suffocation de trop de vie. En une heure, il avait parcouru la gamme des saisons. Le froid de l'hiver éternel descendait et piquait ses sens. Ils montèrent sans cesse, puis redescendirent brusquement, avec le guide métis et l'infatigable mulet toujours à la même distance devant lui ; et recommença le travail mécanique insistant vers le haut. Il devenait apathique et indifférent, acquiesçant à ces efforts intenses que l'instant d'après devait anéantir. L'horreur de l'immense distance s'éleva autour de lui. De temps en temps, une pierre délogée par leur passage s'élançait sous lui, heurtait le bord, tournait dans le vide, pour tomber sans fin. La face de la terre devint confuse et tomba en brume devant ses yeux.

Puis, tandis qu'ils s'élevaient encore, un vent comme envoyé par la colère s'abattit sur eux, balayant des tourbillons de neige, rageurs et hurlants, les entraînant au bord et menaçant de les anéantir .

Frawley saisit la selle, puis jeta ses bras autour du cou de sa mule. Sa tête tournait, le sang indigné lui montait aux narines et aux oreilles, ses poumons ne parvenaient plus à maîtriser l'air divin. Puis soudain les mules s'arrêtèrent, épuisées. À travers le maelström, le guide lui cria de ne pas utiliser l'éperon. Frawley se sentait en danger de mourir et n'avait aucun ressentiment.

Pendant une journée, ils affrontèrent les immenses étendues sauvages jusqu'à ce qu'ils se soient imposés à des milliers de pieds au-dessus de la race des hommes. Puis ils commencèrent à descendre.

Au-dessous d'eux, les nuages roulaient et roulaient comme les éléments avant la création. Pourtant ils descendaient, et l'oubli humide se refermait sur eux, comme la malédiction d'un monde sans couleur. Les brumes sombres se séparèrent et commencèrent à rouler au-dessus d'eux, un nuage se fendit, et à travers la fente la terre sauta, et la terre solide s'étendit devant eux comme lorsqu'à l'aube elle obéissait à la volonté du Créateur. Ils virent grandir les collines et les montagnes, et les rivières couler vers la mer. Les masses brunes et vertes commencèrent à être éclaboussées de rouge et de jaune à mesure que les champs devenaient fertiles et fructifiaient ; et la race humaine des insectes commença à ramper çà et là .

Le métis, qui vit la scène pour la centième fois, baissa la tête avec admiration. Frawley se redressa sur sa selle, étira la raideur de ses membres, tapota sa mule avec sollicitude, jeta un coup d'œil au guide et s'arrêta avec perplexité devant l'attitude muette et respectueuse.

"Qu'est-ce qu'il regarde maintenant ?" » marmonna-t-il tandis qu'en jetant un coup d'œil à sa montre, il ajoutait anxieusement : « Dis, Sammy, quand allons-nous manger un peu ?

V

A Valparaiso, il retrouve facilement la piste de Greenfield. Jusqu'à son départ, deux bateaux avaient navigué : un pour le nord et un par le détroit de Magellan jusqu'à Buenos Ayres. Greenfield avait acheté un billet pour chacun, après avoir effectué le retrait de son compte dans une banque locale. Frawley était perplexe : pour Greenfield, fuir vers le nord, c'était se retrouver dans les griffes de la justice. Le retrait du compte l'a décidé. Il revint à Buenos Ayres par la route qu'il avait empruntée, arrivant la veille du paquebot. À sa grande déconvenue, Greenfield n'était pas à bord. En renonçant ridiculement à sa protection, il avait fait dérailler le détective et gagné trois semaines. Sans plus d'inquiétude qu'il n'aurait pu le montrer en effectuant un voyage de Toronto à New York, Frawley traversa une troisième fois les Andes et entreprit de corriger sa première erreur.

Il a laborieusement retracé Greenfield le long de la côte jusqu'à Panama et y a perdu la trace. Au bout de deux mois, il apprit que Greenfield avait embarqué comme simple marin sur un cargo qui touchait à Hawaï. De là, il le suivit à Yokohama, Singapour, Ceylan et Bombay.

De là, Greenfield, abandonnant brusquement la voie fluviale, s'était dirigé par terre jusqu'à Bagdad et avait traversé l'empire turc jusqu'à Constantinople. Sans une pause, Frawley le suivit ensuite dans les Balkans, à travers la Bulgarie, la Roumanie , au milieu des massacres et de la révolution jusqu'à Budapest, de retour à Odessa et à travers l'arrière de la Russie en passant par Moscou et Riga jusqu'à Stockholm. Un an s'était écoulé.

Plusieurs fois, il aurait pu gagner sur le fugitif s'il s'était fié à son instinct ; mais il attendait son heure, renonçant à un coup de génie, pour être sûr de ne commettre aucune erreur, attendant le moment où Greenfield s'arrêterait et où il pourrait le rattraper. Mais le fugitif, comme piqué par un taon, continuait à plonger follement sur la mer et le continent. Quatre mois, cinq mois de retard, Frawley a poursuivi sa quête inlassable.

De Stockholm, la poursuite a conduit à Copenhague, à Christiansand , en passant par la mer du Nord jusqu'à Rotterdam. De là, Greenfield s'était précipité par chemin de fer jusqu'à Lisbonne et avait pris un bateau à vapeur vers l'Afrique, touchant à Gibraltar, la Guinée portugaise et française, la Sierra Leone, et de là se dirigeant vers le Congo. Pendant un mois, toutes les traces disparurent dans le veld, jusqu'à ce que par hasard, plutôt que par ses propres mérites, Frawley retrouve la piste à Madagascar, où Greenfield était venu après une tentative désespérée d'enterrer sa trace dans les immenses plaines de l'Afrique australe.

De Madagascar, Frawley le suivit jusqu'à Aden en Arabie et en bateau à vapeur jusqu'à Melbourne. Pendant des semaines encore , il chercha en vain la piste confuse à travers l'Australie, passant par Sydney, puis redescendant vers la Tasmanie et la Nouvelle-Zélande sur un faux indice, retournant au Queensland, où enfin à Cooktown il apprit de nouveau le décès de son homme.

La troisième année commença sans gain appréciable. Greenfield avait encore trois mois d'avance, sans s'arrêter, courant de continent en continent, comme s'il était instinctivement conscient de la progression de son poursuivant.

Cette année-là, Frawley visita Sumatra, Java et Bornéo, s'arrêta à Manille, sauta immédiatement en Corée et se précipita vers Vladivostok, où il découvrit que Greenfield avait obtenu le passage sur un chasseur de phoques à destination d'Auckland. Là, il avait pris le bateau à vapeur pour rentrer à Buenos Ayres par le détroit de Magellan.

Là, dans la première heure, il entendit un rapport selon lequel son homme était parti pour Rio Janeiro, avait attrapé le choléra et y était mort. Inébranlable face à l'épidémie, Frawley a pris le bateau suivant et est entré dans la ville sinistrée en nageant à terre. Pendant une semaine, il fouilla les hôpitaux et les cimetières. Greenfield avait effectivement été frappé, mais, s'en étant sauvé, il était parti pour le nord du Brésil. Le retard a permis à Frawley de gagner trois mois, mais sans chaleur ni excitation, il a recommencé la poursuite, remontant la côte jusqu'à Para et l'embouchure de l'Amazonie, par Bogota et Panama jusqu'au Mexique, jusqu'à la frontière du Texas. . Les mois entre lui et Greenfield se réduisirent à des semaines, puis à des jours sans troubler sa sérénité. A El Paso, il arriva quelques heures après le départ de Greenfield, en direction du Salt Basin et des monts Guadalupe. Frawley a pris des chevaux et un guide et l'a suivi jusqu'à la lisière du désert. A trois heures de l'après-midi, surgit de l'horizon un cavalier qui restait immobile et attentif, étudiant son approche à travers une longue-vue. Soudain, comme satisfait, l'étranger ôta son chapeau et l'agita au-dessus de sa tête en signe de défi, et enfonçant ses talons dans son cheval, il disparut dans le désert.

VI

Frawley a compris le défi : la fin était dans le désert. A défaut de faire bouger son guide par menace ou promesse, il le laissa crier frénétiquement à la lisière du désert et poursuivit sa route vers l'endroit où la silhouette de Greenfield avait disparu à l'horizon dans un nuage de poussière.

Pendant trois jours, ils avancèrent d'un air sombre dans les sables desséchés, mobilisant chaque parcelle de force, bien en vue les uns des autres, toujours au même pas invariable. La nuit, ils dormaient par à-coups, l'oreille tendue au moindre bruit hostile. Alors ils abandonnèrent leurs selles, leurs fusils et leurs vêtements superflus, dans un vain effort pour sauver leurs montures.

Les chevaux, haletants et chancelants, rampaient sur les sables mouvants comme des silhouettes tirées par un fil. Dans le ciel, pas un nuage n'apparaissait ; en bas, la monotonie jaune s'étendait à plat comme un plat. Au-dessus d'eux, une buse paresseuse, tournant en cercles languissants, les suivait avec une patiente conviction.

Le quatrième matin, le cheval de Frawley s'arrêta, frissonna et tomba en tas. Greenfield s'arrêta et considéra sa déconfiture d'un air sombre, sans aucun signe d'exaltation.

"C'est mauvais, très mauvais", a déclaré Frawley d'un ton judiciaire. — J'aurais dû prévenir le ministère. Pourtant, ce n'est pas fini, son cheval ne tiendra pas longtemps. Eh bien, je ne dois pas emporter grand-chose.

Il abandonna son revolver, un couteau, 200 dollars en or, et continua à pied, ne conservant que la bourse à eau avec sa précieuse bouchée. Greenfield, qui avait attendu immobile, le laissa s'approcher à moins d'un quart de mille avant de mettre son cheval en mouvement.

"Il va s'assurer que je reste ici", se dit Frawley, voyant que Greenfield ne faisait aucune tentative pour augmenter l'avance. "Eh bien, nous verrons."

Douze heures plus tard, le cheval de Greenfield céda. Frawley poussa un cri de joie, mais le handicap d'une demi-journée était sérieux ; il était épuisé, affamé, et dans le sac il ne restait que de l'eau pour mouiller ses lèvres.

Le cinquième jour s'est terminé avec un soleil en colère et aucun signe à l'horizon pour soulager l'éternelle monotonie. Seule la buse, à la même distance, attendait son heure. Chasseurs et chassés, unis par force par leur souffrance commune, avançaient péniblement avec la fatigue et l'effort désespéré d'êtres humains attelés à une charrue, parcourant à peine un kilomètre à l'heure. De temps en temps, d'un commun accord, ils s'asseyaient, silhouettes décharnées et épuisées, se regardant avec un instinct de bête, les coudes sur leurs genoux osseux. Soit par peur de perdre de l'énergie, soit sous le charme d'un silence effrayant, ni l'un ni l'autre n'avaient prononcé un mot.

Frawley était brûlant de soif. Le désert pénétrait dans son corps avec sa chaleur sèche et mortelle et coulait dans ses veines sa sécheresse dévorante ; ses yeux quittèrent son visage alors que le soleil au-dessus de lui sortait du ciel desséché. Il se mit à parler tout seul, à chanter. Sous ses pieds, le sable crible comme la douce protestation des feuilles d'automne. Il s'imaginait de retour dans la forêt, marquant le bruissement des branches feuillues et la chute intermittente des glands et des brindilles. Tout à coup, ses jambes refusèrent de bouger. Il resta immobile, son regard concentré sur la silhouette de Greenfield un long moment, puis son corps s'effondra sous lui et il tomba sans volonté au sol.

Greenfield s'arrêta, s'assit et attendit. Au bout d'une demi-heure, il se releva, repartit, puis s'arrêta, revint, s'approcha et écouta le chant de l'homme en délire. Soudain satisfait, il lança ses deux bras en l'air dans un triomphe frénétique, se retourna, chancela et chancela, tandis que de retour au-dessus du désert résonnait le refrain grotesque et hideux, dans une victoire folle :

"Yankee Doodle Dandy oh !

Yankee Doodle Dandy!"

Frawley le regarda partir, puis, avec un soupir de soulagement, il tourna son regard vers la forme noire qui tournait dans les airs – au moins cela restait-il pour briser l'horreur de la solitude. Puis il a perdu connaissance.

Le battement d'ailes sur son visage le réveilla avec un sursaut et un cri d'agonie. Le grand oiseau charognard, surpris lors de son inspection, s'envola maladroitement et se posa sans crainte sur le sol en clignant des yeux.

Une immense révolte, une colère furieuse apportaient une force nouvelle. Il se releva et se précipita sur l'oiseau, le poing fermé, le maudissant alors qu'il s'éloignait maladroitement. Puis il se remit à continuer désespérément de suivre les traces dans le sable.

Au bout d'une heure, des points apparurent à l'horizon. Il les regarda dans son délire et se mit à rire avec inquiétude.

"Je dois être fou", se dit-il sérieusement. "C'est un mirage. Eh bien, je suppose que c'est la fin. Qui vont-ils confier l'affaire maintenant ? Keech, je suppose ; oui, Keech ; c'est un homme bon. Bien sûr, c'est un mirage."

Tandis qu'il continuait à avancer, les points prirent la forme d'arbres et de collines. Il rit avec mépris et commença à se remontrer en répétant :

"C'est un mirage, ou je suis fou." Il commença à s'inquiéter, répétant sans cesse : "C'est un mauvais signe, très mauvais. Je ne dois pas perdre le contrôle de moi-même. Je dois rester avec lui, rester avec lui jusqu'à ce qu'il meure de vieillesse. Bucky Greenfield ! Eh bien, il ne s'en sortira pas non plus. Si seulement le département pouvait le savoir !"

Plus il approchait de la vie, plus il s'indignait. Il arriva ainsi à l'orée des arbres et des choses vertes.

"Pourquoi n'y vont-ils pas ?" dit-il avec colère. "Ils devraient le faire, maintenant. Allons, je pense que je garde remarquablement bien ma tête."

Tout à coup, une idée magnifique lui vint : il traverserait le mirage et y mettrait fin. Il s'avança furieusement contre un arbre imaginaire, se frappa le front et tomba insensible.

VII

Frawley reprit conscience et se retrouva dans la hutte d'un Indien métis, qui se forçait une soupe aux herbes entre ses lèvres.

Deux jours plus tard, il reprit suffisamment de forces pour atteindre un ranch appartenant à des Anglais. Aménagé par eux, il partit aussitôt pour retourner à El Paso ; pour reprendre la recherche sans fin.

En fin d'après-midi, fatigué et assoiffé, il arrive dans une cabane où une poignée d'enfants mexicains se prélassent dans la fraîcheur du mur. Au bruit de son approche, une femme accourut à la porte, criant à l'aide dans un charabia mexicain. Il courut en toute hâte vers la maison, la main sur son pistolet. La femme, sans cesser de bavarder, se blottit dans l'embrasure de la porte, désignant le coin sombre d'en face. Frawley, suivant son regard, aperçut la silhouette d'un homme étendu sur un lit de feuilles précipitées. Il fit quelques pas rapides et reconnut Greenfield.

Au même instant, le paquet se mit en position assise, avec un cri :

"Qui c'est?"

Frawley, d'un mouvement rapide, le couvrit de son revolver en criant :

"Levez la main. C'est moi, Bucky, et je vous tiens maintenant !"

« Frawley ! »

"C'est ça, Bucky – Levez la main !"

Greenfield, sans obéir, le regardait d'un air furieux.

"Mon Dieu, c'est Frawley !" cria-t-il et il retomba en tas.

L'inspecteur Frawley, avançant d'un pas, répéta son ordre sans équivoque :

"Levez la main ! Vite !"

Sur le lit, le corps déformé se contracta brusquement en boule.

"Facile, Bub," dit Greenfield entre ses dents. "Facile, ne t'énerve pas. Je meurs."

"Toi?"

Frawley s'approcha prudemment, avec méfiance.

"C'est un fait. J'encaisse . "

"Quel est le problème?"

"Bug. Simple bug – le désert a fait le reste."

"Un quoi?"

"Une morsure de tarentule, ne riez pas, Bub."

Frawley, à ses côtés, n'avait besoin que d'un coup d'œil pour s'assurer que c'était vrai. Il passa la main sur la ceinture de Greenfield et retira son pistolet.

"Désolé," dit-il sèchement en se levant.

"Très bien , Bub!"

"Puis-je faire quelquechose pour vous?"

"Non."

Soudain, sans avertissement, Greenfield se releva, le regarda, étendit les mains et tomba dans une crise de larmes passionnées. La réserve anglaise de Frawley était indignée.

"Quel est le problème?" dit-il avec colère. "Tu ne vas pas montrer la plume blanche maintenant, n'est-ce pas ?"

Avec un serment, Greenfield se redressa, silencieux et troublé.

"D... toi, Bub... fais preuve d'imagination," dit-il après une pause. "Tu penses que ça me dérangerait de mourir, moi ? C'est une bonne idée. Ce n'est pas ça, non, ça se termine, ça finit comme ça. Après tout ce que j'ai enduré, être mis en faillite à cause d'un bug, d'un méchant petit insecte."

Frawley comprit alors son erreur.

"Je dis, Bucky, je vais retirer ça," dit-il maladroitement.

"Pas d'imagination, pas d'imagination", marmonna Greenfield en reculant. "Eh bien, mec, si je t'avais pourchassé trois fois à travers le monde et t'avais attrapé, je tomberais sur toi et te battrais en bouillie ou... ou je te serrerais dans mes bras comme un frère perdu depuis longtemps."

"J'ai demandé votre pardon", répéta Frawley.

"Très bien, Bub, très bien," répondit Greenfield avec un bref rire. Puis, après une pause, il ajouta sérieusement : " Alors tu es venu... eh bien, je suis content que ce soit fini. Bub, " continua-t-il en se soulevant avec excitation sur son coude, " voici quelque chose d'étrange, mais tu ne le comprendras pas. Savez-vous, tout le temps que j'ai su exactement où vous étiez, j'ai eu le sentiment quelque part dans ma nuque. Au début, vous étiez « loin, au-delà de l'horizon ; puis vous deviez être un point au-dessus de la colline ». Puis j'ai commencé à sentir cet endroit devenir de plus en plus grand - après Rio Janeiro, rampant, rampant vers la vérité de l'Évangile, je t'ai senti se faufiler sur mon dos. Cela m'a énervé, j'en ai rêvé, et ce matin-là. la piste quand tu n'étais qu'un point sur n'importe quel vieux hoss - je le savais ! Toi - tu ne comprends pas de telles choses, Bub, n'est-ce pas ?

Frawley fit un effort, échoua et répondit impuissant :

"Non, Bucky, non, je ne peux pas dire que je comprends."

"Pourquoi penses-tu que je t'ai amené à Rio Janeiro ?" dit Greenfield en se tordant sur les feuilles. "Dans la cholerie ? À ton avis, qu'est-ce qui m'a poussé à m'allonger pour ce désert ? Bub, tu étais sur mon dos, accroché comme un catamount. J'étais obligé de te secouer. J'étais désespéré. Il fallait que ça finisse d'une manière ou d'une autre. autre . C'est pourquoi je suis resté fidèle à toi jusqu'à ce que je pense que c'en était fini avec toi.

"Pourquoi ne t'en es-tu pas assuré ?" » dit Frawley avec curiosité ; "tu aurais pu le faire pour moi là-bas."

Greenfield le regarda attentivement et hocha la tête.

" Très bien , Bub ; tout à fait !"

"Pourquoi tu ne l'as pas fait ?"

"Pourquoi!" s'écria Greenfield avec colère. " N'as- tu jamais eu d'imagination ? Est-ce que je voulais t'abattre comme un vulgaire pickpocket après t'avoir fait faire trois fois le tour du monde ? Ce n'était pas une fin ! Mon Dieu, quelle poursuite c'était !"

"Ça a été long, Bucky", a admis Frawley. "C'était une bonne chose !"

"Tu ne comprends rien ?" » s'écria Greenfield d'un ton plaintif. "Où y a-t-il quelque chose de plus grand, de plus que ce que nous avons fait ? Et que ça se termine comme ça – avoir un insecte – un misérable et squameux insecte vous a battu après tout ! "

Pendant un long moment, il n'y eut aucun bruit, tandis que Greenfield resta allongé, se tordant, la tête détournée, enfoui dans les feuilles.

"Ce n'est pas bien, Bucky," dit enfin Frawley, avec un effort de sympathie. "Ça n'aurait pas dû se terminer de cette façon."

"Ça valait la peine!" Greenfield a pleuré. "Trois ans ! Il n'y a pas beaucoup de saletés que nous n'ayons pas soulevées ! L'Asie, l'Afrique – une tournée régulière de Cook à travers l'Europe, l' Amérique du Nord et du Sud . Et quelles mers, Bub !" Sa voix vacilla. Les gouttes de sueur coulaient abondamment sur son front ; mais il se ressaisit courageusement. "Tu te souviens de la mer du Japon avec ses drôles de petites jonques jouets ? Mec, nous avons battu Columbus, Jools Verne et les autres, c'est creux, Bub !"

"Je dis, pourquoi as-tu fait ça?"

"Vous êtes un rhum", a déclaré Greenfield avec un rire brisé. Les mots commencèrent à devenir plus courts et avec effort. "Excitation, Bub ! Diables tentatives et injures !"

"Comment te sens-tu, Bucky ?" » demanda Frawley.

« Je suis déjà à moitié en enfer – en train de cuisiner pour mes péchés – mais ce n'est pas ça... c'est... »

« Quoi, Bucky ?

"Ce bug ! Moi, Bucky Greenfield – descendre et sortir à cause d'un bug – un petit bug qui se tortille ! Mais je jure que même lui n'aurait pas pu le faire si le désert ne m'avait pas d'abord mis en faillite ! Non ! , par Dieu ! Je ne suis pas abattu si facilement !

Frawley, dans une tentative boiteuse de montrer sa sympathie, se rapprocha du mourant :

"Je dis, Bucky."

"Criez loin."

"Tu n'aimerais pas sortir debout, debout, avec tes bottes ?"

Greenfield éclata de rire, d'un rire satisfait.

"Qu'est-ce qu'il y a, mon pote ?" dit Frawley, s'arrêtant de surprise.

"Espèce de vieux Anglais", dit affectueusement Greenfield. "Dis, Bub."

"Oui, Bucky."

"Les dinkies vont bien, mais... mais un Yankee, un vrai Yankee, m'aurait eu en six mois."

"Très bien, Bucky. Dois-je te relever ?"

" Il s'en va."

"Voudriez-vous à nouveau ressentir la sensation d'un pistolet dans votre main ?" » dit Frawley en le relevant.

Cette fois, Greenfield ne rit pas, mais sa main se referma convulsivement sur les fesses et il poussa un sauvage soupir de joie. Ses membres se contractèrent violemment, sa tête appuya lourdement sur l'épaule de Frawley, qui l'entendit murmurer à nouveau :

"Un bug—un peu—"

Puis il s'arrêta et parut écouter. Dehors, la soirée était douce et émouvante. Par la porte, les enfants apparurent, se renversant les uns sur les autres, dans des attitudes grotesques.

Soudain, comme si dans la brise il avait perçu le bruit d'un pas, Greenfield se dégagea presque des bras de Frawley, frissonna et retomba raide. Le pistolet, lancé en l'air, tournoya, tangua sur le sol et resta silencieux.

Frawley replaça le corps sur le lit de feuilles, écouta un instant et se leva satisfait. Il se jeta une couverture sur le visage, ramassa le revolver, chercha un moment son chapeau et sortit pour arranger la nuit avec le Mexicain. Au bout d'un moment, il revint, s'assit dans un coin et commença à noter soigneusement les détails sur un morceau de papier. Bientôt, il s'arrêta et regarda pensivement le lit de feuilles.

"Cela fait trois bonnes années", dit-il pensivement. Il réfléchit un moment, tapant le crayon contre ses dents, et répéta : « Trois bonnes années. Je pense que quand je rentrerai à la maison, je demanderai une semaine environ pour me dégourdir. Puis il se souvint avec anxiété de la façon dont Greenfield s'était plaint de son manque d'imagination et réfléchit un instant sérieusement. Soudain, comme satisfait, il dit avec un signe de tête convaincu :

"Eh bien, maintenant, nous avons fait un peu de jogging !"

LARRY MOORE

JE

La saison de baseball était terminée et nous marchions sur la Cinquième Avenue, Larry Moore et moi. Nous discutions de la série finale pour le championnat, et mon ami estimait ses chances de propulser à nouveau les Giants au sommet, lorsqu'un soudain jam sur l'avenue nous a laissé un instant face à face une femme et un enfant assis dans une luxueuse victoria .

Larry Moore, qui me tenait le bras, le lâcha rapidement et hésita dans sa démarche. La femme reprit son souffle et mit précipitamment son manchon sur son visage ; mais l'enfant nous vit sans surprise. Tout s'était passé en une seconde, et pourtant je gardais une vive impression d'une femme d'un attrait étrange, élégante et indolente, avec quelque chose dans son visage qui me donnait envie de le revoir, et d'une jolie enfant qui semblait un peu trop sérieuse pour moi. cet âge heureux. Larry Moore a oublié ce qu'il avait commencé à dire. Il ne dit plus un mot, et moi, en jetant un coup d'œil sur son visage, je compris que, aussi incroyable que cela paraisse, il y avait un lien entre la femme que j'avais vue et cette idole du pays, aux os bruts, à la grande charpente et au grand cœur. gradins.

Sans commentaire, j'ai suivi Larry Moore, au service de son humeur, alors qu'il quittait immédiatement l'avenue et se dirigeait vers l'est. Il marcha d' abord à grands pas excités, puis il ralentit pour adopter une démarche profonde et rêveuse, puis il s'arrêta, posa lourdement sa main sur mon épaule et dit :

"Montez dans la voiture, Bob. Montez dans les chambres."

J'ai compris qu'il voulait me parler de ce qui s'était passé, et j'ai suivi. Nous nous rendîmes ainsi, sans autre mot échangé, dans son appartement, et entrâmes dans le petit salon orné des trophées de sa carrière, que je regardai avec quelque curiosité. Sur la cheminée, au centre , j'ai immédiatement vu une grande photographie de l'hon. Joseph Gilday, un avocat d'entreprise dont nous, les journalistes, avons dit beaucoup de choses dures, une photo que je ne m'attendais pas à trouver ici parmi les photographies des célébrités sportives qui avaient envoyé leurs salutations à mon ami du diamant. Avec une certaine perplexité, je me suis approché et j'ai vu en bas écrit en grosses lettres fermes : « Je suis fier de vous connaître, Larry Moore.

Je souris, car l'hommage du grand homme de loi me paraissait ici incongru, qui connaissais autrefois mon ami naïf et simple de cœur que, à vrai dire, je patronnais par force. Puis j'ai regardé plus attentivement autour de moi et j'ai vu une douzaine de photographies d'une femme, parfois seule, parfois tenant un joli enfant dans ses bras, et les visages étaient ceux que j'avais vus dans le Victoria . Je feignais de ne pas les avoir vus ; mais Larry, qui m'avait observé, dit :

"Regarde encore, Bob ; car c'est la femme que tu as vue dans la voiture, et c'est l'enfant."

Alors j'ai pris une photo et je l'ai regardée longuement. Ce visage avait quelque chose de plus dangereux que la beauté – un visage de Cléopâtre avec un regard profond et inquiet qui ne me plaisait pas ; mais je ne l'ai pas dit à Larry Moore. Puis je l'ai remis à sa place, je me suis retourné et j'ai dit gravement :

"Es-tu sûr de vouloir me le dire, Larry Moore ?"

"Oui," dit-il. "Asseyez-vous."

Il n'a pas cherché de préliminaires, comme j'aurais dû le faire, mais a commencé tout de suite, simplement et directement — sans doute il se racontait l'histoire plus à lui-même qu'à moi.

« Elle s'appelait Fanny Montrose, dit-il, une petite fille, avec de merveilleux cheveux dorés et de grands yeux noirs qui m'ont fait trembler, le jour où je suis entré dans l'usine de Bridgeport, le jour où je suis tombé amoureux. Je m'appelle Larry Moore ; vous avez peut-être entendu parler de moi, lui ai-je dit en m'approchant d'elle lorsque le coup de sifflet a retenti ce soir-là, et j'aimerais rentrer à la maison avec vous, Fanny Montrose.

"Elle s'est retirée assez rapidement et j'ai cru qu'elle avait entendu des histoires sur moi à Fall River ; alors j'ai dit : 'Je voulais seulement être poli. Vous avez peut-être entendu beaucoup de mal de moi, et beaucoup de choses." c'est vrai, mais vous n'avez jamais entendu parler du manque de respect de Larry Moore envers une dame », et je l'ai regardée dans les yeux et j'ai dit : « Me laisserez-vous rentrer chez vous avec vous, Fanny Montrose ?

"Elle a balancé son pied un instant, puis elle a dit : 'Je le ferai.'

" J'ai entendu un rire monter à cela, et je me suis retourné, le mors aux dents ; mais c'étaient seulement les femmes, et on ne peut pas les toucher. Fanny Montrose s'est dépêchée, et j'ai vu qu'elle en était bouleversée, alors j'ai dit humblement : « Vous n'êtes pas désolé maintenant, n'est-ce pas ?

"'Oh non,' dit-elle.

« Voulez-vous attraper mon bras ? » Je lui ai demandé.

"Elle m'a d'abord regardé en face, puis elle a glissé sa main si joliment que cela a fait sortir tous les mots de ma langue. 'Vous venez d'arriver à Bridgeport, n'est-ce pas ?' dit-elle timidement.

"'Oui,' ai-je dit, 'et je veux que vous sachiez la vérité. Je suis venu parce que je devais quitter Fall River. J'ai eu une bagarre, plus d'une d'entre elles.'

"'Avez-vous léché votre homme ?' dit-elle en me regardant.

"'Je les ai tous léchés, et c'était un combat bon et équitable - si j'étais sur une larme,' dis-je; 'mais j'en ai honte maintenant.'

"'Vous êtes Larry Moore, qui a lancé sur les Fall Rivers la saison dernière ?' dit-elle.

"'Je suis.'

"'Vous pouvez en lancer !' dit-elle avec un signe de tête.

"'Quand je suis hétéro, je peux.'

"'Et pourquoi ne pas y aller comme un homme alors ? Vous pourriez participer aux championnats nationaux', a-t-elle dit.

« Je n'ai jamais eu quelqu'un pour qui travailler… auparavant », ai-je dit.

« Nous descendons ici ; je reste à la pension de Keene », dit-elle à cela.

"J'avais peur d'avoir été trop en avant, alors je suis resté immobile jusqu'à ce que nous arrivions à la porte. Ensuite, j'ai enlevé mon chapeau, je lui ai fait un salut et je lui ai dit : 'Veux-tu me laisser rentrer chez toi avec toi, Fanny Montrose ?' '

" Et elle s'arrêta sur le seuil et me regarda sans dire un mot, et je la redemandai en lui tendant la main, car je voulais attraper la sienne. Mais elle recula et attrapa la poignée. Alors je dit:

"'Vous n'avez pas besoin d'avoir peur; car c'est moi qui devrais avoir peur.'

"'Et de quoi as-tu à avoir peur, espèce de grand homme ?' dit-elle en s'arrêtant avec étonnement.

"'J'ai peur de tes grands yeux noirs, Fanny Montrose,' dis-je, 'et j'ai peur de ton corps que je pourrais briser dans mes mains', dis-je; 'car je vais tomber amoureux de toi, Fanny Montrose.

"Ce qui était un mensonge, car je l'étais déjà. Sur ce, je me suis enfui comme un imbécile. Je me suis enfui, mais à partir de cette nuit-là, je suis rentré chez moi avec Fanny Montrose.

"Pendant un mois, nous avons tenu compagnie, et Bill Coogan, Dan Farrar et les autres ont pris mon attention et sont restés à l'écart. Les femmes se sont moquées de moi et se sont moquées d'elle; mais cela ne m'a pas dérangé, car je connaissais les méthodes de l'usine. , et d'ailleurs il n'y avait pas une voix d'homme dans le parking que j'entendais.

"Mais une nuit, alors que nous retournions à la pension de Keene, Fanny Montrose à mon bras, Bill Coogan s'est planté devant nous et lui a dit en face qu'il n'y avait pas moyen de contourner.

"Je l'ai prise un peu, en pleurant et en tremblant, et je lui ai dit : 'Reste ici.'

"Et je suis revenu, j'ai attrapé Bill Coogan par la gorge et par la ceinture, je l'ai balancé autour de ma tête et je l'ai jeté contre le lampadaire. Et le poteau s'est cassé avec fracas, et Coogan est resté tranquille, sans plus rien. dire.

"Je suis retourné vers Fanny Montrose, qui l'avait arrêtée de pleurer, et je lui ai dit, tremblant de colère face à cette sale insulte : 'Fanny Montrose, veux-tu être ma femme ? Veux-tu m'épouser cette nuit ?'

"Elle m'a repoussé, m'a regardé avec effroi et m'a dit : 'Voulez-vous être votre femme ?'

"'Oui", ai-je dit, puis parce que j'avais peur qu'elle ne me fasse pas encore assez confiance pour m'épouser, j'ai dit solennellement : "Fanny Montrose, tu n'as pas à avoir peur. Si j'ai été ivre et déchaîné , c'est parce que je voulais l'être, et maintenant que j'ai décidé d'être hétéro, il n'y a plus rien qui puisse me faire revenir Fanny Montrose, vas-tu dire que tu seras ma femme ?

"Puis elle m'a tendu ses deux mains et est tombée dans mes bras, toute molle."

II

Larry Moore se leva et parcourut la pièce. À son retour, il s'est approché du mur et a pris une photo ; mais avec quelle émotion je ne saurais le dire, car il me tournait le dos. J'ai jeté un nouveau coup d'œil à l'étrange beauté volatile du visage de la femme et je me suis demandé quel était le mot que Bill Coogan avait prononcé et quelle était sa raison de le dire.

"A partir de ce jour, c'était de la chance pour moi", a déclaré Larry Moore en se réinstallant dans son fauteuil, où son visage est revenu dans l'ombre. "Elle avait une tête sur elle, cette petite femme. Elle m'a tiré là où je suis. J'ai lancé cette saison-là pour les Bridgeports . Vous connaissez le record, Bob, sept matchs perdus sur quarante-trois, et pas tellement mon La faute non plus. Lorsqu'ils voulurent me signer à nouveau, pour beaucoup d'argent aussi, la petite femme dit :

"'Ne le fais pas, Larry Moore; ce n'est pas ta classe. Attends juste un peu."

"Tu sais, Bob, comment j'ai alors signé avec les Giants et comment ils ont augmenté mon salaire à la fin de cette première année ; mais c'était Fanny Montrose qui signait les contrats à chaque fois. Nous avons alors eu l'enfant et j'étais heureux. L'argent est arrivé rapidement, et en grande quantité, et je l'ai mis sur ses genoux et j'ai dit :

"'Faites ce que vous voulez avec; seulement je veux que vous en profitiez comme une dame.'

"Peut-être que j'avais tort, peut-être que c'était le cas. C'était de la fierté, je l'admets, mais aucune dame n'est venue dans les gradins qui ait l'air plus belle que Fanny Montrose, comme je l'appelais toujours. Je dois être une sorte de silhouette, comme vous le savez, et la petite femme allait et revenait toujours aux jeux dans une automobile, et plus souvent avec Paul Bargee .

« Un après-midi, Ed Nichols, qui m'attrapait alors, est apparu avec un visage sérieux et a dit : « Où sont votre dame aujourd'hui, Larry — et Paul Bargee ? Et à la façon dont il l'a dit, je savais ce qu'il avait en tête, et bon ami, j'ai aimé l'avoir étranglé. Ils m'ont dit de lancer le jeu, et je l'ai gagné aussi. Je suis rentré chez moi sans changer de vêtements, les gens me regardaient fixement, j'ai couru dans les escaliers, j'ai ouvert la porte et je me suis arrêté et j'ai appelé : « Fanny Montrose !

"Et j'ai rappelé, et j'ai appelé une troisième fois, et seul l'enfant est venu me répondre. Puis j'ai su dans mon cœur que Fanny Montrose m'avait quitté et s'était enfuie avec Paul Bargee .

III

"J'ai attendu toute la nuit sans goûter ni bouger, écoutant ses pas dans les escaliers. Et le matin, le facteur est venu sans une file d'attente ni un mot pour moi. Je ne comprenais pas, car j'avais été un bon mari pour moi. elle, et même si je pensais à tout ce qui s'était passé depuis notre mariage, je ne pouvais penser à rien que j'avais fait qui lui ait fait du mal - car je ne pensais pas alors aux millions de Paul Bargee .

« Dans l'après-midi, un sale petit avocat est venu me voir, avec de petits yeux clignotants derrière ses lunettes à monture noire – un véritable crapaud.

"'Qui es-tu?' J'ai dit : « et qu'est-ce que tu fais ici ?

« Je suis simplement un avocat », dit-il en grimaçant devant mon regard. « Solomon Scholl, dans un devoir très désagréable », dit-il.

« « Viens-tu d'elle ? » Dis-je, et j'ai repris mon souffle.

"'Je viens de M. Paul Bargee ', a-t-il dit, 'et je vous rappelle, M. Moore, que je viens en tant qu'avocat pour une mission désagréable.'

"Sur ce, je me suis reculé et je l'ai regardé avec étonnement et j'ai dit : 'Qu'a-t-il à me dire ?'

« Mon client, dit-il en retournant les mots du bout de la langue, regrette énormément… »

" ' Ne perdez pas de mots !' J'ai dit avec colère. "Pourquoi es-tu ici?"

« Mon client, dit-il en me regardant de côté, m'autorise à vous offrir quinze mille dollars si vous promettez de ne faire aucun problème dans cette affaire. »

"Je me suis assis tout en tas; car je ne connaissais pas alors les manières d'un gentleman, Bob, et je me suis couvert le visage de l'horreur que j'avais de l'humiliation qu'il m'avait faite. L'avocat, il l'a mal compris, car il il s'est glissé doucement et m'a murmuré à l'oreille :

« C'est ce qu'il propose, si vous êtes assez fou pour l'accepter ; mais si vous restez fidèle à moi, nous pouvons lui arracher à hauteur de dix fois plus. »

"Je me suis levé, je l'ai emmené, je l'ai jeté hors de la pièce et je l'ai jeté dans les escaliers, car c'était un petit homme et je ne voulais pas le frapper.

"Puis je suis revenu et je me suis dit : 'S'il en est ainsi, je dois me faire conseiller le mieux possible.'

"Et je savais que Joseph Gilday était le premier du lot. Alors je suis allé vers lui, et quand je suis entré, je me suis arrêté net, car j'ai vu qu'il avait l'air perplexe, et j'ai dit : 'J'ai des ennuis, monsieur, et ma vie en dépend, ainsi que d'autres vies, et j'ai besoin des meilleurs conseils ; je suis donc venu vers vous, je suis Larry Moore des Giants, pour que vous sachiez que je peux payer. Ensuite, je me suis assis et je lui ai raconté l'histoire, chaque mot comme je vous l'ai dit, et quand j'ai fini, il a dit doucement :

« Que pensez-vous faire, M. Moore ? »

"'Je pense qu'il vaudrait mieux qu'elle revienne, monsieur,' dis-je, 'pour elle et pour l'enfant. J'ai donc pensé que le mieux serait de lui écrire une lettre et de le lui dire; car je pense que si vous Elle pourrait écrire le bon genre de lettre, elle reviendrait et c'est ce que je veux que tu me montres comment écrire, dis-je.

"Il a pris une feuille de papier et un stylo, m'a regardé fixement et m'a dit : 'Que lui dirais-tu ?'

" Alors j'ai mis mes mains sous mon menton, j'ai réfléchi un moment et j'ai dit : 'Je pense que je dirais quelque chose comme ceci, monsieur :

"""Ma chère épouse, j'ai essayé de réfléchir pendant tout ce temps à ce qui vous a fait fuir, et je ne comprends pas. Je t'aime, Fanny Montrose, et je veux que tu reviennes vers moi. Et si vous avez peur de venir, je veux vous dire que pas un mot ne passera de mes lèvres à ce sujet ; car je n'ai pas oublié que c'est toi qui as fait de moi un homme ; et même si j'essaie, je ne peux pas te détester, Fanny Montrose.

"Il a baissé les yeux et a écrit pendant une minute, puis il m'a tendu le papier et m'a dit : 'Envoie ça.'

"J'ai regardé et j'ai vu que c'était ce que je lui avais dit, et j'ai dit d'un air dubitatif : 'Pensez-vous que c'est mieux ?'

"'Je fais.'

" J'ai donc envoyé la lettre comme il l'avait dit, et trois jours après, j'en ai reçu une d'un avocat, disant que ma femme ne pouvait avoir aucune communication avec moi et que je lui enverrais ce que j'avais à dire.

" Alors je suis allé voir Gilday et je lui ai dit, et j'ai dit : " Nous devons penser à autre chose, monsieur, puisqu'elle préfère le luxe et ce genre de choses ; car je commence à penser que c'est tout — et là, je suis un "Je suis un peu à blâmer, car je l'ai encouragée. Eh bien, elle devra l'épouser - c'est tout ce que je peux y faire", dis-je en restant très silencieux.

"'Il ne l'épousera pas', dit-il avec rapidité.

"Je pensais qu'il voulait dire parce qu'elle était liée à moi, alors j'ai dit : 'Bien sûr, après le divorce.'

« « Vas-tu alors divorcer d'elle ? »

"'J'y ai réfléchi,' dis-je prudemment, et je l'ai fait, 'et je pense que le meilleur moyen serait qu'elle l'obtienne. Cela peut être fait, n'est-ce pas ?' J'ai dit : « Parce que j'ai pensé à l'enfant et que je ne veux pas qu'elle grandisse avec une quelconque tache sur la réputation de sa mère », ai-je dit.

"'Alors tu abandonneras l'enfant ?' il a dit.

"Et j'ai dit : 'Oui.'

"'Va-t-il l'épouser ?' dit-il encore.

"'Pour quelle autre raison l'a-t-il emmenée ?'

« Si j'étais toi, dit-il en me regardant attentivement, je m'en assurerais avant. »

" Cela m'a beaucoup inquiété, et je suis sorti et je me suis promené, puis je suis allé à la gare et j'ai acheté un billet pour Chicago, et je me suis dit : " Je vais aller le voir " ; car à ce moment-là J'avais décidé de ce que je ferais.

"Et quand je suis arrivé le lendemain matin, je suis allé directement chez lui, et mon cœur s'est serré, car c'était un endroit magnifique avec une haute grille de fer tout autour et un valet de pied à la porte - et j'ai commencé à comprendre pourquoi Fanny Montrose m'avait quitté pour lui.

" J'avais longtemps réfléchi à donner un autre nom ; mais je me suis dit : " Non, je lui donnerai d'abord l'occasion de descendre et de me faire face comme un homme ", alors j'ai dit au valet de pied : " Va le dire Paul Bargee que Larry Moore est venu le voir.

"Puis je suis descendu dans le couloir et dans le grand salon, tout tendu de tentures, et je me suis regardé dans les miroirs et j'ai regardé les chaises, et je n'avais pas envie de m'asseoir, et bientôt les rideaux s'ouvrirent, et Paul Bargee est entré dans la pièce. Je l'ai regardé une fois, puis j'ai regardé le sol, et ma respiration est devenue difficile. Puis il s'est approché de moi et s'est arrêté et a dit :

"'Bien?'

« Et même s'il m'avait fait du tort et détruit ma vie, je ne pouvais m'empêcher d'admirer son courage ; car le garçon n'était pas de taille contre moi, et il le savait aussi, même s'il n'a jamais bronché.

« Je suis venu de New York pour parler avec vous, Paul Bargee », ai-je dit.

"'Vous en avez le droit.'

"'Je l'ai fait,' ai-je dit, 'et je veux m'entendre avec vous maintenant, si vous avez le temps, monsieur', ai-je dit, et j'ai regardé à nouveau le sol.

"Il s'est éloigné, et en m'entendant parler si bas, il s'est trompé sur moi comme d'autres l'ont fait auparavant, et il m'a regardé attentivement et a dit : 'Eh bien, combien ?'

"Ma tête s'est levée et je me suis avancé vers lui, mais il n'a jamais grimacé - s'il l'avait fait, je pense que je l'aurais attrapé sur-le-champ et l'aurais servi comme je l'ai fait pour Bill Coogan. Mais je me suis arrêté et j'ai dit : 'C'est le Deuxième erreur que vous avez commise, Paul Bargee ; la première a été lorsque vous avez envoyé un sale petit avocat pour me payer pour avoir emmené ma femme et que votre avocat est venu me voir et m'a dit de vous baiser jusqu'au dernier centime. ma vue ; et qu'as-tu à dire pour que je ne te fasse pas la même chose, Paul Bargee ?

"Il avait l'air blanc et blessé par son orgueil et a dit : 'Vous avez raison ; et je vous demande pardon, M. Moore.'

"'Je ne veux pas de votre pardon,' dis-je, et je ne m'assiérai pas dans votre maison, et nous ne discuterons pas de ce qui s'est passé mais de ce qui va se passer. Car vous avez commis un grand tort. , et j'ai le droit de dire ce que vous devez faire maintenant, Paul Bargee .

"Il m'a regardé et a dit lentement : 'Qu'est-ce que c'est ?'

"'Tu as pris ma femme et je lui ai donné une chance de revenir vers moi', dis-je; 'mais elle t'aimait et ce que tu peux donner mieux que moi. Mais elle a été ma femme, et je ne vais pas voyez-la descendre dans le caniveau.

"Il a commencé à parler; mais j'ai levé la main et j'ai dit: 'Je ne suis pas ici pour discuter avec toi, Paul Bargee . Je suis venu pour dire ce qui va être fait; car j'ai un enfant', j'ai » dit : « et je n'ai pas l'intention que la mère de ma petite fille descende dans le caniveau. Vous avez choisi de prendre ma femme, et elle a choisi de rester avec vous. Maintenant, vous devez l'épouser et. faites-en une bonne femme, dis-je.

"Puis Paul Bargee s'est éloigné et j'ai vu ce qui lui passait par la tête. Et je me suis approché de lui, j'ai posé ma main sur son épaule et j'ai dit : 'Vous voyez ce que je veux dire, et vous savez quel genre d'homme je suis. je te parle ainsi ; car tu n'es pas un lâche, dis-je ; mais tu épouses Fanny Montrose dans la semaine qui suit qu'elle ait obtenu sa liberté, ou je vais te tuer où que tu sois. Et c'est le choix que tu as. je dois faire, Paul Bargee , dis-je.

"Puis j'ai reculé et je l'ai regardé, et ce faisant, j'ai vu les rideaux bouger et j'ai su que Fanny Montrose m'avait entendu.

"'Tu vas lui donner le divorce ?' il a dit.

"'Je le suis. Je n'ai pas l'intention qu'il y ait une tache sur son nom', dis-je ; 'car j'aimais Fanny Montrose, et elle est toujours la mère de ma petite fille.'

"Puis il s'est dirigé vers une chaise, s'est assis et a pris sa tête dans ses mains, et je suis sorti.

IV

"Je suis revenu à New York et je suis allé voir M. Gilday.

"'Va-t-il l'épouser ?' » dit-il aussitôt.

"'Il l'épousera,' dis-je. 'Quant à elle, je veux que vous le disiez; car je ne lui écrirai pas moi-même, puisqu'elle ne me répondrait pas. Dites quand elle sera la femme de Paul Bargee , je' Je lui amènerai l'enfant moi-même, et elle doit me voir, car j'ai alors un mot à lui dire, dis-je en posant mon poing sur la table. En attendant, l'enfant reste avec moi.

"Ils ont dit des choses dures à propos de M. Joseph Gilday, et je le sais; mais je sais tout ce qu'il a fait pour moi. Car il ne l'a pas confié à un commis; mais il s'est ressaisi lui-même et l'a mené à terme comme Je l'avais dit. Et quand le divorce a été prononcé, il m'a appelé et m'a dit que Fanny Montrose était une femme libre et qu'elle n'était pas à blâmer aux yeux de la loi.

"Puis j'ai dit : 'C'est bien. Maintenant, écris à Paul Bargee que sa semaine a commencé. D'ici là, je garde l'enfant, loi ou pas loi.' Puis je me suis levé et j'ai dit : « Je vous remercie, M. Gilday, vous avez été très gentil et j'aimerais vous payer ce que je vous dois.

"Il est resté assis là un moment et a mâché sa moustache, et il a dit : 'Tu ne me dois pas un centime.'

« Ce n'est pas pour une œuvre de charité que je suis venu vous voir, et je peux payer ce que je reçois, M. Gilday », ai-je dit. « Voulez-vous me donner votre facture habituelle ? » J'ai dit .

"Et il a finalement dit : 'Je le ferai.'

"Au milieu de la semaine, la mère de Paul Bargee est venue vers moi, s'est agenouillée et a supplié pour son fils, et je lui ai dit : 'Pourquoi devrait-il y avoir une loi pour lui et une loi pour ceux comme moi. Il est il a pris ma femme, mais il ne lui fera pas honte, madame, et il ne jettera pas un nuage sur la vie de mon enfant !

"Puis elle a arrêté de discuter, elle m'a attrapé les mains et a crié : 'Mais vous ne le tuerez pas, vous ne tuerez pas mon fils, s'il ne le fait pas ?'

"' Aussi sûr que samedi arrive, madame, et qu'il n'a pas fait de Fanny Montrose une bonne femme, ai-je dit, je vais tuer Paul Bargee où qu'il soit.'

"Et vendredi matin, M. Gilday m'a appelé à son bureau et m'a dit que Paul Bargee avait fait ce que je lui avais dit de faire. Et je lui ai serré la main sans rien dire, et il m'a laissé m'asseoir un moment dans son bureau.

"Et après un moment, je me suis levé et j'ai dit : 'Alors je dois lui emmener l'enfant, comme je l'ai promis, ce soir.'

"Il m'a accompagné depuis le bureau et m'a dit : 'Rentre chez ta petite fille. Je m'occuperai des billets et je viendrai te chercher à neuf heures.'

"Et à neuf heures, il est venu dans sa grande voiture, m'a emmené avec l'enfant à la gare et m'a dit : 'Télégraphiez-moi quand vous partez demain.'

"Et j'ai dit : 'Je le ferai.'

"Puis je suis monté dans la voiture avec ma petite fille endormie dans mes bras et je me suis assis sur le siège, et le porteur est venu et m'a dit :

« « Puis-je rattraper vos couchettes ? »

"Et j'ai regardé l'enfant et j'ai secoué la tête. Alors je l'ai tenue toute la nuit et elle a dormi sur mon épaule, pendant que je regardais d'elle dans l'obscurité, et de l'obscurité de nouveau vers elle. Et le portier passait et passant et me regardant, moi et l'enfant.

"Et le matin, nous sommes montés à la grande maison et dans le grand salon, et Fanny Montrose est entrée, comme je l'avais dit, très blanche et ne me regardant pas. Et l'enfant a couru vers elle, et j'ai regardé Fanny Montrose l'a attrapée contre sa poitrine, et j'ai sangloté. Et elle m'a regardé et l'a vu. Alors j'ai dit :

"'C'est parce que maintenant je sais que tu aimes l'enfant et que tu seras gentil avec elle.'

"Puis elle est tombée devant moi et a essayé de me prendre la main. Mais j'ai reculé et j'ai dit :

"'J'ai fait de toi une femme honnête, Fanny Montrose, et maintenant, aussi longtemps que je vivrai , je te verrai ne rien faire qui puisse déshonorer mon enfant.'

"Et je suis sorti et j'ai pris le train pour rentrer. Et M. Gilday m'attendait à la gare là-bas, et il m'a pris le bras, sans un mot, et m'a conduit à sa voiture et est arrivé sans parler. Et quand nous sommes arrivés À la maison, il est sorti, a enlevé son chapeau, m'a fait un salut et m'a dit : 'Je suis fier de te connaître, Larry Moore.'"

LES CADEAUX DE MARIAGE DE MA

FEMME

Je ne crois pas aux cérémonies de mariage. Je ne crois pas aux lunes de miel et j'abomine particulièrement la coutume inhumaine d'offrir des cadeaux de mariage. Et voici pourquoi :

Clara était la cinquième fille pauvre d'un homme riche. J'étais respectablement pauvre mais artistique. Nous attendions le mariage comme un moment où deux personnes choisissaient une maison et la garnissaient de meubles de leur choix, heureuses au contact quotidien des belles choses. Nous avions souvent discuté de notre future maison. Nous connaissions exactement les tableaux qui devaient être accrochés aux murs, le ton des tapis qui devaient reposer sur le sol, le style des meubles qui devaient se trouver dans les pièces, le motif de l'argenterie qui devait orner notre table. Nos idées étaient claires et positives.

Malheureusement, Clara avait huit parents riches qui m'approuvaient et j'avais trois tantes vierges, dont deux étaient en santé précaire et ne devaient pas être offensées financièrement.

Je suis plutôt un homme impérieux, avec des théories selon lesquelles une femme est plus heureuse lorsqu'elle trouve un maître ; mais lorsque les détails du mariage furent décidés, je fus stupéfait de me trouver non seulement bafoué, mais en fait contraint à une capitulation humiliante. Depuis , j'ai appris que mon propre cas n'était pas particulièrement exceptionnel. Mais à l'époque, j'étais perplexe et plutôt perturbé dans mes rêves d'avenir. J'avais décidé d'un mariage à la maison avec seulement la famille et quelques amis intimes pour assister à mon bonheur. Après que Clara m'eut fait l'honneur de me consulter, plusieurs milliers de cartes furent envoyées pour la cérémonie à l'église et un agrandissement fut commencé sur la véranda de devant.

Clara elle-même m'a conduit à la bibliothèque et m'a analysé la situation de la manière la plus approfondie.

« Espèce de chère vieille oie impraticable, dit-elle avec la sagesse d'à peine vingt ans, que sais-tu de telles choses ? Combien penses-tu qu'il nous en coûtera pour meubler une maison comme nous le souhaitons ?

J'ai dit d'un ton léger : "Oh, environ cinq cents dollars."

"Sortez votre crayon," dit Clara avec mépris, "et écrivez."

Lorsqu'elle eut fini sa dictée et que j'eus additionné les éléments en gémissant, j'étais abasourdi. J'ai dit:

« Clara, penses-tu que c'est sage – penses-tu que nous avons le droit de nous marier ?

" Bien sûr que nous l'avons fait."

"Alors nous devons nous décider à embarquer."

"C'est absurde ! nous aurons tout comme nous l'avons prévu."

"Mais comment?"

"Cadeaux de mariage", dit Clara triomphalement, "comprenez-vous maintenant pourquoi ce doit être un mariage à l'église ?"

J'ai commencé à voir.

"Mais ce n'est pas un peu mercenaire ?" Dis-je faiblement. "Est-ce que tout le monde le fait ?"

"Tout le monde. C'est une sorte d'impôt sur les célibataires", dit Clara avec un hochement de tête déterminé. "C'est tout à fait vrai que ça devrait l'être aussi."

"Alors quiconque reçoit une invitation est censé contribuer à notre bien-être futur ?"

"Une invitation à la maison."

"Eh bien, à la maison, alors ?"

"Certainement."

"Ah, maintenant, ma chérie, je commence à comprendre pourquoi les cadeaux sont toujours montrés."

Pour toute réponse, Clara tendit la feuille de papier sur laquelle nous avions fait nos calculs.

J'ai capitulé.

II

Je laisse de côté le mariage. En théorie, je suis de plus en plus opposé à de telles expositions. Un mariage est plus pathétique qu'un enterrement, et rien, peut-être, n'est plus déplacé que les jubilations des invités. Lorsqu'un homme et une femme, en tant que mari et femme, ont vécu ensemble cinq ans, alors la communauté devrait engager un groupe et leur faire une sérénade, mais au début – cependant, je n'insisterai pas – je suis sans aucun doute enclin au cynisme. J'arrive au moment où, après avoir surmonté avec succès les pièges de la lune de miel (il existe une autre théorie erronée, mais laissons cela de côté), ma femme et moi nous sommes enfin retrouvés dans notre propre maison, au milieu de nos cadeaux de mariage. Je dis au milieu de manière conseillée. Clara était assise, impuissante, au milieu du tapis du salon et je regardais depuis la cheminée.

"Ma chère Clara," dis-je avec juste une touche d'aspérité, "vous avez réussi le mariage. Maintenant vous avez vos cadeaux de mariage. Qu'allez-vous en faire?"

"Si seulement les gens ne faisaient pas marquer les choses !" » dit Clara d'un ton hors de propos.

"Mais ils le font toujours", répondis-je. " Je peux aussi me permettre de suggérer que votre réponse ne résout pas la difficulté. "

"Ne sois pas en colère", dit Clara.

"Ma chérie," répondis-je avec une excellente bonne humeur, "je ne le suis pas. Je suis seulement amusé - qui ne le serait pas ?"

"Ne sois pas horrible, George", dit Clara.

"C'est *délicieusement* humoristique", ai-je continué. "C'est la chose la plus drôle que j'ai jamais connue. Je ne suis ni fâché ni horrible ; j'ai fait une découverte profonde. Je sais maintenant pourquoi tant de mariages américains ne sont pas heureux."

"Pourquoi, Georges ?"

"Cadeaux de mariage", dis-je sauvagement, "exactement ça, ma chère. Être obligé de vivre des années de vie conjugale entouré de choses dont tu ne veux pas, que tu ne voudras jamais, et avec lesquelles tu dois vivre ou perdre. tes amis."

"Oh, Georges !" dit Clara en regardant autour d'elle, impuissante, c'est terrible, n'est-ce pas ?

"Regardez ce tapis sur lequel vous êtes assis", dis-je en regardant une importation française moderne de six par dix. "Des choux-fleurs aux prises avec des licornes, entourés d'une bordure de roses vertes et de violettes oranges - c'est cher ! Et jusqu'à ce que la lampe explose ou que les tuyaux éclatent, nous devons continuer encore et encore à vivre de cela, et pourquoi ? - parce que ma chère Isabelle le fera. sois ici une fois par semaine!"

"Je pensais qu'Isabel aurait meilleur goût", a déclaré Clara.

"Elle a... Isabel a un goût parfait, comptez-y," dis-je, "elle l'a fait exprès !"

"George!"

"Exactement ça. Avez-vous remarqué que les personnes mariées offrent les cadeaux les plus impossibles ? C'est une vengeance, ma chère. La société s'en est prise à eux. Ils s'en prendront à la société. Attendez que nous en ayons l'occasion !"

"C'est affreux !" dit Clara.

" Continuons. Nous avons cinq tapis français ; deux ne pourraient pas vivre ensemble. Cinq pièces profanées. Notre salon est Art Nouveau, meublé par votre oncle James, qui est fort et sain et peut vivre vingt ans. J'abomine particulièrement l'Art. Meubles nouveaux."

"Moi aussi."

"Notre salle à manger est distinctement à Grand Rapids."

"Maintenant, Georges !"

"C'est."

"Eh bien, c'était ta tante Susan."

"Ça l'était, mais qui l'a suggéré ? Je passe sur les chambres. Je dirai simplement que ce sont des cauchemars. Des cauchemars coûteux ! J'arrive aux lampes, combien en avons-nous ?"

"Quatorze."

"Quatorze atrocités, imitation Louis Seize, fausses orientales, emplumées, lacées et ornées de pompons. Voilà pour les cadeaux utiles. Passons maintenant à la décoration. Nous avons trois Madones Sixtine (mon abomination particulière). Deux, Dieu merci, nous pourrons en infliger aux prochaines victimes. , celui avec lequel nous devons vivre et pourquoi ? — pour que chacun de nos trois amis intimes le croie le sien. Nous avons des aquarelles et des gravures dont nous ne voulons pas, et une copie photographique de chaque image que chacun voit. dans la maison de chacun. Un ami original nous a même envoyé une reproduction en marbre grandeur nature de la Vénus de Milo. Ces choses seront notre maison artistique. Ensuite, il y a des vases.

"Maintenant, tu perds ton sang-froid."

"Au contraire, je le réserve. Je ne caractériserai pas le bric -à- brac , c'était normal."

"Ne le faites pas!"

"Au moins, ce n'est pas marqué. J'arrive enfin à l'argent. Donnez-moi la liste."

Clara soupira et l'étendit.

"Quatre plats en forme de tortue en argent massif."

"Marqué."

"Marqué - Terrapin - ha! ha! Deux seaux à champagne massifs et coûteux en argent massif."

"Marqué."

" Marqué, ma chère, pour chaque bout de table lorsque nous donnons nos dîners de steak. Plats aux amandes. "

"Ne le faites pas!"

"Quarante-deux plats en amandes individuels, massifs ou filigranés ; quarante-deux, Clara."

"Marqué."

"Encore une fois, ma chérie. Une douzaine de plats à bonbons, cinq sucrières nouveaux riches (nous n'en utilisons jamais), trois muffins, au nom du ciel, qu'est-ce que c'est ? Des plats à pain en argent massif, des bougeoirs en argent massif par douzaines, des plats à légumes en argent massif, et nous attendons d'un domestique et d'une blanchisseuse intermittente qu'ils fassent la cuisine, la lessive, font les lits et nettoient en outre la maison.

"Tous marqués", dit Clara tristement.

" Tout le monde, ma chère. Ensuite, la porcelaine et les assiettes, nous ne pouvons même pas manger dans les assiettes que nous voulons ni boire dans les verres que nous voulons ; tout dans cette maison, de haut en bas, a été choisi et infligé. nous contre nos désirs et au mépris de nos propres goûts et nous — nous devons continuer à vivre avec eux et essayer de ne pas nous disputer ! »

"Vous avez oublié le pire de tout", dit Clara.

"Non, ma chérie, je ne l'ai pas oublié. Je n'ai pensé à rien d'autre, mais je voulais que tu le mentionnes."

"L'argent plat, George."

"L'argent plat, ma chérie. Douze douzaines, en argent massif et service à thé assortis, achetés sans nous consulter, par vos deux riches oncles célibataires en collusion. Nous voulions Queen Anne ou Louis Seize, simples, dignes, de quoi vivre et grandir. que j'aime, et qu'avons-nous obtenu ? »

"Oh, chérie, ils auraient pu me le demander!"

"Mais ils ne le font pas, ils ne le font jamais, c'est la théorie des cadeaux de mariage, ma chère. Nous avons le motif Pond Lily, repoussé jusqu'à ce qu'il vous gratte les doigts. Le motif Pond Lily, ma chère, que je déteste, déteste et abomine. !"

"Moi aussi, Georges."

"Et cela, ma chère, nous ne nous en débarrasserons jamais ; nous devons non seulement adopter et assumer la responsabilité, mais nous devons la transmettre à nos enfants et aux enfants de nos enfants."

"Oh, George, c'est terrible, terrible ! Qu'allons-nous faire ?"

"Ma Clara chérie, on va mettre un bric -à- brac par jour au poteau, acheter une portée de chiots pour mâchouiller les tapis, choisir une serveuse aux doigts de beurre qui brise la porcelaine , payer le stockage sur l'argenterie et essaie de temps en temps de mettre le feu aux meubles.

"Mais l'argent plat, George, qu'en est-il de ça ?"

"Oh, l'argent plat," dis-je sombrement, "chacun a sa croix à porter, qui sera la nôtre."

III

Nous étions, comme cela a été suggéré, un couple relativement riche. C'est un jeu de mots ! Au bout de cinq ans, un parent des deux côtés nous a laissé un gracieux souvenir. Le problème de la vie est devenu simplement un problème de degré. A la fin de cette période, nous avions fait des progrès considérables dans la construction d'une maison qui devait être en fait et désirer entièrement la nôtre. Autrement dit, nous avons eu beaucoup de chance dans la préservation de nos cadeaux de mariage. Notre vingt-deuxième femme de ménage a cassé une bouteille d'encre sur le tapis du salon, ses vingt et un prédécesseurs (que j'avais particulièrement sélectionnés) avaient déjà fait les progrès les plus gratifiants parmi le bric -à- brac , deux intelligents chiots Airdale avaient mâché des trous satisfaisants. dans le mobilier Art Nouveau, même la Madone Sixtine s'était détachée de ses supports et avait soigneusement anéanti la lampe orientale ornée de bijoux dans le fracas général.

Notre petite maison commença enfin à refléter vraiment quelque chose du goût artistique dont je suis fier. Il ne restait finalement que l'argent plat et quelques milliers de dollars de récipients en argent massif pour lesquels nous avions maintenant payé quatre cents dollars de stockage. Mais ceux-ci restaient en sécurité, fixés au-delà des assauts de l'imagination.

Un matin, à la table du petit-déjeuner, j'ai posé ma tasse avec fracas.

Clara poussa une exclamation d'alarme.

"George chéri, qu'est-ce qu'il y a ?"

Pour toute réponse, j'ai saisi une poignée d'argenterie à motif Pond Lily et je l'ai regardée avec une joie sauvage.

"George, George, que s'est-il passé ?"

"Ma chérie, j'ai une idée, une idée merveilleuse."

"Quelle idée?"

"Nous passerons l'été à Lone Tree, dans le New Jersey."

Clara a crié.

« Êtes-vous raisonnable, George ?

"Jamais plus."

"Mais c'est brûlant !"

"Plus chaud que ça."

"C'est tout simplement inondé de moustiques."

"Il y *a* plusieurs moustiques là-bas."

"C'est un trou dans le sol !"

"C'est certainement."

"Et les seules personnes que nous connaissons là-bas sont les Jimmy Lakes, que je déteste."

"Je ne peux pas les supporter."

"Et, Georges, il y a *des cambrioleurs* !"

"Oui, ma chère," dis-je triomphalement, "Dieu soit loué, il y *a des* cambrioleurs !"

Clara m'a regardé. Elle est très rapide.

"Tu penses à l'argent."

"De tout l'argent."

"Mais, George, pouvons-nous nous le permettre ?"

« Se permettre quoi ?

"Pour se faire voler l'argent."

"Supposons qu'il y ait une assurance antivol, en guise de récompense."

L'instant d'après, Clara riait dans mes bras.

"Oh, George, tu es un homme merveilleux et brillant : comment y as-tu pensé ?"

"J'y ai juste pensé", dis-je avec hauteur.

IV

Nous sommes allés à Lone Tree, dans le New Jersey. Nous y sommes allés tôt pour rencontrer le cambrioleur migrateur du printemps. Nous avons sorti du stock deux coffres et trois tonneaux de cadeaux de mariage en argent massif, avons souscrit une assurance antivol pour trois mille dollars et avons procédé à la décoration de la salle à manger et du salon.

"Cela ressemble plutôt à un nouveau riche", dit Clara en examinant le résultat.

"Ma chère, dites ce mot, c'est vulgaire. Mais qu'en est-il ? Nous sommes venus ici dans un but et nous ne nous retiendrons pas. Notre but est d'offrir toutes les facilités aux messieurs qui nous soulageront de notre argent. Rien dissimulé, rien de vissé au sol."

"Je pense", a déclaré Clara, "que les seaux à champagne sont inutiles."

Les seau à champagne en argent massif ornaient de part et d'autre de la cheminée.

"En tant que récipients pour les fougères en pot, elles ne sont, il est vrai, pas tout à fait du meilleur goût", avouai-je. "Nous pourrions les laisser dans le hall pour des parapluies et des cannes. Mais ils pourraient alors être négligés et nous ne devons prendre aucun risque avec un cambrioleur imprudent."

Clara s'assit et se mit à rire, ce qui, je l'avoue, était tout à fait naturel. Des plats à pain en argent massif contenant des pois de senteur, des plats individuels à amandes remplis d'allumettes, des paniers en argent pour cigares et cigarettes remplissaient la pièce, avec des chandeliers en argent jaillissant de chaque rebord et de chaque table. La salle à manger était pire, mais les plats en forme de tortue et les moules à muffins en argent massif, sans parler des deux douzaines de plats aux amandes qui restent du salon, ne sont pas du tout des décorations appropriées.

"Je suis sûre que les cambrioleurs ne viendront jamais", a déclaré Clara, femme de mode.

"S'il y a quelque chose qui peut les éloigner", dis-je, un peu provoqué, "c'est juste cette attitude d'esprit."

"Eh bien, en tout cas, j'espère qu'ils agiront rapidement, afin que nous puissions quitter cet endroit épouvantable."

"Ils ne viendront jamais si vous les surveillez", dis-je avec colère.

Nous avons eu une petite dispute à ce sujet.

Le mois de juin passa et nous restions toujours en possession de notre argent de mariage. Clara était ouvertement découragée et si je m'accrochais encore à ma foi, au fond j'étais anxieuse et impatiente. Lorsque le mois de juillet s'est déroulé sans succès, même notre sens de l'humour a été sérieusement mis en danger.

"Ils ne viendront jamais", dit fermement Clara.

"Ma chérie," répondis-je, "la dernière fois qu'ils sont venus en juillet. Raison de plus pour qu'ils changent en août."

"Ils ne viendront jamais", répéta Clara une seconde fois.

"Amorçons l'hameçon", dis-je, essayant de transformer le sujet en une veine facétieuse. "Nous pourrions éparpiller une douzaine de ces plats individuels sur le chemin menant à la route."

"Ils ne viendront jamais", dit Clara avec obstination.

Et pourtant ils sont venus.

Le 2 août, vers deux heures du matin, je fus réveillé d'un profond sommeil par la voix de ma femme qui criait :

"George, voici un cambrioleur !"

J'ai trouvé la blague évidente et inopportune et je l'ai dit d'un air endormi.

"Mais, mon cher George, il est là, dans la pièce !"

Il y avait quelque chose dans la voix de ma femme, une note d'exultation retentissante, qui m'a redressé dans mon lit.

"Levez les mains, vite !" dit une voix saccadée.

C'était vrai, là, au bout du lit, allumant la traditionnelle lanterne à œil de bœuf, se tenait enfin un véritable cambrioleur.

"Mettez- les en place !"

Mes mains se sont levées vers le ciel en signe de remerciement et de gratitude.

" Bouge, espèce de bonbon, ou crie à l'aide, " continua la voix en poussant dans la lumière la bouche d'un revolver de Colt, " et ça pour toi ! "

L'allusion méprisante que j'ai mise au crédit du pyjama rose et blanc que je portais – mais rien à ce moment-là n'aurait pu ébranler mes sentiments. Je bouillonnais de bonheur. J'avais envie de sauter et de le serrer dans mes bras. J'ai écouté. En bas, on entendait des bruits de pas et parfois un anneau métallique.

"Oh, George, n'est-ce pas trop merveilleux, merveilleux comme mots !" dit Clara, hystérique de joie.

"Je n'arrive pas à y croire", ai-je pleuré.

"Fermez-la!" dit la voix derrière la lanterne.

"Mon cher ami," dis-je d'un ton conciliant, "vous n'avez pas le moindre besoin de garder le doigt sur cette chose froide et vacillante. Mes sentiments envers vous ne sont que les plus tendres et les plus reconnaissants."

"Hein!"

"Les sentiments d'un frère ! Ma seule crainte est que vous oubliiez un ou deux articles qui, je l'admets, ne sont pas commodément exposés."

La cible s'est tournée vers moi d'un coup sec.

"Eh bien, je serai damné !"

"Nous t'avons attendu longtemps et patiemment. Nous pensions que tu ne viendrais jamais. En fait, nous avions en quelque sorte perdu confiance en toi. Je suis désolé. Je m'excuse. D'une certaine manière, je ne mérite pas ça - je ne le fais vraiment pas. 't."

« Maison d'insectes ! » » vint du pied du lit, dans un murmure étouffé. « Dehors et hors de la cabane ! »

"Tout à fait faux", dis-je joyeusement. "Je n'ai jamais été en meilleure santé. Vous êtes surpris, vous ne comprenez pas. Ce n'est pas nécessaire. Cela enlèverait à la situation son humour si vous le faisiez. Tout ce que je vous demande, c'est de tout prendre, de ne pas faire un feuillet, récupérez tout.

"Oh, fais, s'il te plaît, s'il te plaît, fais-le !" dit Clara avec sérieux.

Le silence au pied du lit avait la force d'une exclamation.

— Surtout, continuai-je anxieusement, n'oubliez pas les pots. Ils se dressent de chaque côté de la cheminée, remplis de fougères. Ils ne sont pas en étain. Ce sont des seau à champagne en argent massif. Ils valent... ils valent... "

"Deux cents chacun", dit instantanément Clara.

"Et ne négligez pas les muffins, les plats en forme de tortue et les chandeliers. Nous vous en serions très reconnaissants, très reconnaissants si vous pouviez leur trouver de la place."

Souvent depuis que j'ai pensé à ce cambrioleur et à quelles ont dû être ses sensations. À l'époque, j'étais trop absorbé par mes propres sentiments. Jamais je n'ai autant apprécié une situation. Il est vrai que j'ai remarqué qu'au fur et à mesure que j'avançais, notre cambrioleur commençait à s'éloigner vers la porte, gardant la lanterne fermement sur mon visage.

"Et une faveur de plus", ai-je ajouté, "il y a plusieurs troupeaux de plats individuels en amandes en argent perchés en bas…"

« Quarante-deux, dit Clara, vingt-quatre dans la salle à manger et dix-huit dans le salon.

"Quarante-deux est le nombre ; comme dernière faveur, trouvez-leur de la place ; si vous ne voulez pas qu'ils les jettent dans une rivière ou les enterrent quelque part. Nous l'apprécierions vraiment. C'est notre dernière chance."

"Très bien", dit le cambrioleur d'un ton altéré. "Ne vous inquiétez pas maintenant, nous nous en occuperons."

"N'oubliez pas qu'il y en a quarante-deux, si vous voulez les compter."

"C'est bon, reposez-vous simplement", dit le cambrioleur d'une manière apaisante. "Je vais voir qu'ils entrent tous."

"Vraiment, si je pouvais être utile en bas," dis-je anxieusement, "je pourrais vraiment aider."

"Oh, ne t'inquiète pas, Bub, mes copains sont vraiment des chiens prudents ", dit nerveusement le cambrioleur. "Maintenant, reste calme. Nous les aurons tous."

J'ai soudain compris qu'il me prenait pour un fou. J'ai enfoui ma tête dans les couvertures et je me suis balancé entre les larmes et les rires.

"Salut ! qu'est-ce qui se passe là-haut ?" cria une voix en bas.

"Tout va bien, très bien, Bill," dit notre cambrioleur d'une voix rauque, "c'est une fête très affable ici. Dites, dépêchez-vous un peu là-bas, d'accord ?"

Tout à coup, je me suis rendu compte que si je l'effrayais vraiment trop, ils pourraient décamper sans faire table rase. J'ai immédiatement repris mes esprits.

"Je ne suis pas fou", dis-je.

" Bien sûr que non ", dit le cambrioleur d'un ton conciliant.

"Mais je vous assure—"

"C'est d'accord."

"Je suis parfaitement sain d'esprit."

« Sain comme une maison ! »

"Il n'y a rien à craindre."

"Bien sûr que non. Salut, Bill, tu ne te dépêcheras pas !"

"Je vais t'expliquer-"

"Ça ne te dérange pas."

"C'est comme ça—"

"C'est bon, nous savons tout."

"Tu fais-"

"Bien sûr, nous avons reçu votre lettre."

"Quelle lettre?"

"Votre télégramme alors."

"Tu vois, je ne suis pas fou—"

"Vous pariez que non", dit le cambrioleur en se dirigeant vers la porte et en changeant la clé.

"Tenir bon!" M'écriai-je, alarmé, "ne sois pas idiot. Ce que je veux, c'est que tu obtiennes tout, tout, tu entends ?"

"Très bien, je vais juste descendre et lui parler."

"Tenir bon-"

"Je vais lui dire."

"Attends," criai-je en sautant du lit dans mon désir de le retenir.

À ce moment-là, un coup de sifflet retentit d'en bas et, avec une exclamation de soulagement, notre cambrioleur claqua la porte et la verrouilla. Nous l'avons entendu descendre trois marches à la fois et sortir précipitamment de la maison.

"Maintenant, tu les as fait fuir", dit Clara, "avec ton humour idiot."

Je me sentais contrit et alarmé.

"Comment pourrais-je l'aider ?" Dis-je avec colère, me préparant à grimper sur le toit du porche. "J'ai essayé de lui dire."

Sur ce, je me suis précipité sur le toit, me suis dirigé vers la pièce voisine et, en entrant, j'ai relâché Clara. En haut des marches , nous nous tenions serrés les uns contre les autres.

"Supposons qu'ils laissent tout derrière eux", dit Clara.

"Ou même certains !"

"Oh, George, je le sais, je le sais !"

"Ne soyez pas déraisonnable, descendons." Tenant une bougie en l'air, nous sommes descendus. L'étage inférieur était dépourvu d'argenterie – il ne restait même pas un plat à amandes ou un moule à muffins. Nous sommes tombés sauvagement, de manière hilarante, dans les bras l'un de l'autre et avons commencé à danser. Je ne sais pas exactement ce que c'était, mais ce n'était pas une minute.

Soudain, Clara s'arrêta.

"George!"

"Oh, Seigneur, qu'est-ce qu'il y a ?"

" Supposons que ".

"Bien bien?"

" Supposons qu'ils en aient laissé tomber un peu sur le chemin. "

Nous nous sommes précipités dehors et avons fouillé le chemin, rien là-bas. Nous avons fouillé la route : un plat d'amandes était tombé. Je l'ai pris, je l'ai martelé jusqu'à ce qu'il soit méconnaissable et je l'ai jeté dans l'étang. C'était criminel, mais je l'ai fait.

Et puis nous sommes entrés dans la maison et avons dansé encore. Nous étions heureux.

Bien sûr, nous avons sonné l'alarme – après suffisamment de temps pour nous habiller soigneusement et remplir la lanterne d'huile. D'autres maisons avaient également été cambriolées avant notre visite, mais comme elles étaient occupées par d'anciens habitants, les occupants s'étaient rendormis nonchalamment après avoir rendu leur petite monnaie. Notre exploit a fait sensation. C'est avec beaucoup de difficulté que nous avons adopté l'attitude publique appropriée de choc et de désespoir. Le lendemain, j'écrivis tous les détails à la compagnie d'assurance, avec une demande d'indemnisation.

"Vous n'obtiendrez jamais le montant total", a déclaré Clara.

"Pourquoi pas?"

"Vous ne le faites jamais. Ils enverront un homme poser des questions désagréables et nous tabasser."

"Laisse le venir."

"Tu verras."

Une semaine seulement après l'événement, j'ai ouvert une enveloppe officielle, j'en ai extrait un chèque, je l'ai regardé avec un sourire supérieur et je l'ai tendu du bout des doigts à Clara.

"Trois mille dollars !" s'écria Clara sans contrition, "trois mille dollars... oh, George !"

C'était là : trois mille dollars, sans l'ombre d'un doute. Féminine, tout ce que Clara avait à dire était :

"Eh bien, avais-je raison à propos des cadeaux de mariage ?"

Quelle remarque je n'avais pas prévue.

Nous avons fermé la maison et sommes allés en ville le lendemain et avons commencé la tournée des bijoutiers. En quatre jours, nous avions dépensé les quatre cinquièmes de notre argent, mais avec quels résultats ! Tout ce que nous avions désiré, prévu, rêvé était à nous et tout était harmonisé.

Deux semaines plus tard, alors que, installés dans notre maison de ville, nous nous déplacions ravis de notre nouvelle maison, contemplant la réincarnation de notre argenterie, un télégramme m'a été remis dans la main.

"Qu'est-ce que c'est?" dit Clara de la salle à manger, où elle caressait notre chaste tasse à café de la reine Anne .

"C'est un télégramme", dis-je, perplexe.

« Ouvre-le, alors ! »

J'ai déchiré l' enveloppe, elle venait de la compagnie d'assurance.

"Nos détectives ont arrêté les cambrioleurs. Vous serez ravi d'apprendre que nous avons récupéré la totalité de votre argent !"

LES SURPRISES DE LA LOTERIE

I

Le comte de Bonzag , sur l'esplanade en ruine de son château de Keragouil , fronça les sourcils dans le lointain crépuscule de botte de foin et de haie multipliée, froissant dans ses mains nerveuses deux ennuyeux bouts de papier. Le corps robuste ne contenait pas un kilo de chair de plus que ce qui était absolument nécessaire pour maintenir ensemble les os longs et pointus. Le visage bronzé et aléatoire était dominé par une crête raide de cheveux fauve orange, qui reproduisait fidèlement le manque de beauté décharné de générations de Bonzags . Mais dans l'avancée rapide du nez et dans les yeux brusques et obstinés se cachait une certaine défiance fixe qui limitait effectivement le champ du commentaire.

Dans son dos, la silhouette criblée de tours déchiquetées et de toits en ruine reflétait sur le ciel doux quelque chose des vêtements venteux de son propriétaire. C'était un château gascon, arrogant et élimé, qui n'avait jamais crié sur une blessure, ni subi l'indignité d'une tache. Autour d'elle et à travers elle, des centaines d'hirondelles, ses héritières naturelles, se croisent et se recroisent dans leur vol vacillant.

De l'obscurité des verts pâturages qui se fondaient dans les bois voisins, une voix de femme s'éleva soudain dans un rire tendre.

Le comte de Bonzag se redressa brusquement, délogeant de ses genoux un épagneul noir, qui tomba sur un chien de matrone, dont le cri effaré d'indignation fit vibrer l'esplanade de chiens qui, courant de tous les recoins, se rassemblèrent en cercle dans l'attente, et attendaient avec des langues affamées les intentions de leur maître.

Le comte, écoutant attentivement, aperçut près de l'écurie tout son personnel de maison allègrement allongé au bras d'Andoche, le Sapeur -Pompier, le héros d'une douzaine d'incendies.

"Non, il n'y a plus de domestiques !" s'écria-t-il avec une amertume qui fit du bruit dans la meute ; puis, avec colère, il cria de toutes ses forces : « Francine ! Hé, là, Francine ! Viens ici tout de suite !

Le fait incontestable était que Francine avait demandé son salaire. Une telle exigence, indélicate dans sa forme la plus simple, avait été encore aggravée par un ultimatum respectueux mais clair. C'était payer, ou faire la cuisine, et si le premier était impossible, le second était à la fois impossible et déplaisant.

L'ennemi arrivait, fossette et potelée, une honnête trente-cinq ans, une solide veuve, qui s'arrêtait en haut de l'escalier avec le respect lointain que le comte de Bonzag inspirait même à ses créanciers.

— Francine, j'ai beaucoup réfléchi, dit le comte d'un air conciliant. "Tu as été un peu exagéré, mais tu étais dans ton droit."

" Ah ! monsieur le comte, six mois, c'est long quand on a un enfant qui doit être... "

— Nous ne reviendrons plus sur notre désaccord, dit le comte en l'interrompant sévèrement. "Je vous ai simplement appelé pour savoir quelle action j'ai décidée."

"Oh oui, monsieur ; merci, monsieur le comte."

"Malheureusement," dit Bonzag en fronçant les sourcils, "je suis obligé de faire un grand sacrifice. Dans un mois, j'aurais probablement pu tout payer. J'ai un grand-oncle à Valle-Temple qui est extrêmement malade. Mais... cependant, nous tiendrons." que pour l'avenir, je vous dois, ma bonne Francine, un salaire pour six mois, soixante francs, en représentation de votre service auprès de moi, je vais vous donner tout de suite vingt francs, ou plutôt quelque chose d'incommensurablement plus précieux que cela. somme." Il sortit les deux bouts de papier et les regarda avec affection et regret. "Voici deux billets de la Grande Loterie de France, qui seront tirés ce mois-ci, à dix francs le billet. J'ai dû aller les chercher à Chantreuil : le numéro 77 707 et le numéro 200 013. Prenez-les, ils sont à vous."

— Mais, monsieur le comte, dit Francine en regardant bêtement les billets qu'elle avait passivement reçus. "C'est... c'est de bonnes pièces d'argent rondes dont j'ai besoin."

« Francine, s'écria de Bonzag avec une indignation étonnée, te rends-tu compte que je t'ai probablement donné une fortune... et que je t'absout de tout partage avec moi !

"Mais, monsieur ..."

"Qu'il y a cent quarante-cinq numéros qui tireront des prix."

"Oui, monsieur le comte; mais..."

"Qu'il y a un prix d'un quart de million, un tiers de million—"

"Tous les mêmes-"

" Que le deuxième prix est d'un demi-million et le premier prix d'un million rond. "

" M'sieur dit ? " dit Francine dont les yeux commençaient à s'ouvrir.

" Cent quarante-cinq chances, et la plus basse c'est pour cent francs. Tu crois que ce n'est pas un sacrifice, hein ? "

"Eh bien, monsieur le comte," dit enfin Francine en soupirant, "je les prends pour vingt francs. Ce n'est pas du bon argent rond, et voilà ma petite fille..."

"Assez!" s'écria de Bonzag en la congédiant d'un geste de colère. " Je fais de vous une héritière, et vous n'avez aucune gratitude ! Laissez-moi... et envoyez ici Andoche. "

Il regarda la silhouette massive se dandiner, s'affaisser sur sa chaise et répéter avec un profond découragement : "Pas de gratitude ! Voilà, c'est fait : cette fois certainement j'ai jeté un quart de million au plus bas !"

Bientôt Andoche, le Sapeur -Pompier, le casque de cuivre sous le bras, apparut en haut des marches, souriant et assoiffé, les yeux avides fixés sur la table cassée, devant la carafe contenant de la curaçoa blanche et du "Triple-Sec". "

— Ah ! c'est vous, Andoche, dit enfin le comte tiré de son abstraction par une succession de saluts rapides. Il poussa deux grands soupirs, poussa légèrement la carafe en direction du Sapeur -Pompier et ajouta : « Asseyez-vous, mon bon Andoche. J'ai besoin d'être un peu gai. Supposons que nous parlions de Paris.

Ce fut le signal pour Andoche de se glisser avec reconnaissance sur une chaise, de posséder la carafe et de se préparer à écouter.

II

A trente et un ans, le comte de Bonzag héritait de la somme énorme de quinze mille francs d'un oncle qui avait fait fortune dans le commerce. Aussitôt qu'il en fallut au grand Empereur pour lancer une armée à travers les Alpes, il descendit sur Paris, résolu à repousser toutes les avancées que Louis Napoléon pourrait faire, et à prêter la splendeur de son nom et le poids de sa fortune uniquement à le Cercle Royal. Deux semaines consacrées à cette fin loyale renforcèrent sensiblement les lignes des Bourbons , mais aboutirent à une diminution de quatre mille francs dans les siennes. Se rappelant ensuite que l'aristocratie avait toujours été la protectrice des arts, il résolut de faire un rapide examen des *coulisses* de l'opéra et des régions du ballet. Une reconnaissance de six jours ne découvrit pas le moindre signe de désaffection ; mais la minutie de son enquête fut telle qu'à l'issue de sa mission, il ne lui trouva que mille francs en poche. Loyaliste et mécène des arts, mais homme d'État et philosophe, il tourna ses efforts vers le Quartier Latin, vers les grands esprits qui prendraient un jour la direction d'une France plus éclairée. Il y découvre qu'on s'amuse plus qu'au Cercle Royal, qu'on dépense beaucoup moins que dans les arts, et qu'à cent francs par semaine il suscite pour les Bourbons un enthousiasme qui atteint presque les proportions d'une émeute.

Au bout de trois mois, il se retira dans son domaine de Kéragouil , après avoir profondément ému toutes les classes de la société, donné une nouvelle vie à la cause de Sa Majesté, et regrettant seulement, en vrai gentleman, l'effroyable dévastation qu'il avait laissée dans le cœur des les dames.

Malheureusement, ces brillants services rendus à la société parisienne et à son roi l'avaient laissé sans aucune société propre, contraint de réfléchir au difficile problème de savoir comment garder sa pipe allumée, sa cave pleine et sa servante à tout faire. dans un état d'attente plein d'espoir, sans rien par an.

Rien d'intimidant, il s'attaque à ce problème de la faillite familiale avec la vigueur et l'audace d'un d'Artagnan. Chaque année, il rassemblait péniblement vingt francs et les plaçait dans deux billets de la Grande Loterie, vaillamment résolu, comme un Gascon, à remporter le premier et le deuxième prix, mais satisfait en philosophe s'il pouvait figurer parmi les mentions honorables. Malgré le fait que cent quarante-cinq prix étaient annoncés chaque année, en dix-neuf tentatives, il n'avait même pas eu le plaisir de voir son nom imprimé. Ce résultat, loin de le décourager, ne fit qu'enflammer sa confiance. Car il s'était plongé dans les mathématiques et se consolait en pensant que, selon la loi des probabilités, il devenait chaque année le plus irrésistible.

Récemment, cependant, un obstacle est apparu au succès de la mise en œuvre de ce système de financement. Il employait une servante, servante à tout, qui était engagée à la journée, avec permission de prendre au jardin ce dont elle avait besoin, de se parer des rosiers, de partager la production de La Belle Etoile, la vache, et recevoir un salaire de dix francs par mois. La difficulté surgissait invariablement quant à l'interprétation de cette dernière clause. Car le comte n'était pas régulier dans ses paiements, à moins qu'on puisse dire qu'il était régulier en ne payant pas du tout.

ainsi invariablement que la servante à tout faire d'un état d'agitation passait peu à peu à une rébellion ouverte, surtout lorsque le jardin n'était pas productif et que les roses cessaient de fleurir. Lorsque l'ultimatum fut lancé, le comte consulta ses ressources et les trouva invariablement constituées de deux billets de la Loterie de France, d'une valeur en espèces de vingt francs, mais, selon les lois des probabilités, de plus en plus capables de rapporter un million cinq cent mille. francs. D'un côté, la gloire de l'ancien nom et la possibilité d'une autre descente sur Paris ; à l'opposé se trouvait la question brutale de la soupe et du ragoût. L'homme l'emporta et la servante à tout faire accepta à contrecœur les conditions de la trêve. Puis la nouvelle du tirage au sort arriva et le personnel de maison partit.

Cette comédie, répétée chaque année, était jouée chaque année sur les mêmes lignes. Seulement, chaque année, la période qui s'écoulait entre la remise des billets et l'annonce de la loterie apportait une agonie croissante. Chaque fois que le Comte voyait les précieux bordereaux partir enfin entre les mains de la servante à tout faire, il était convaincu qu'enfin les lois des probabilités devaient fructifier. Chaque année, il trouvait un nouveau sens aux mystères cabalistiques des nombres. La dix-huitième tentative, multipliée par trois, donna cinquante-quatre ans, son âge. Le succès était inévitable : dix-neuf, un nombre indivisible et chaste entre tous, semblaient spécialement désignés. En un mot, le Comte souffrit pendant ces périodes comme seul un joueur de la quatrième génération peut souffrir.

A présent, le nombre vingt lui paraissait avoir des propriétés qu'aucun autre nombre ne possédait, notamment dans la réapparition du zéro, chiffre qui l'attirait singulièrement par sa symétrie. Son désespoir était donc sans limites.

D'ordinaire, la nouvelle de la loterie arrivait par un inspecteur des routes, qui passait par Keragouil une semaine environ après l'annonce dans la presse ; car le comte, ayant renoncé à son ticket, ne s'inquiétait que d'avoir gagné.

Cette fois, au bouleversement de toute l'histoire, un Anglais en voyage à vélo lui apporta un journal, un article presque inconnu de Keragouil , où le cri de la locomotive n'avait pas encore pénétré.

Le comte de Bonzag , ouvrant le journal avec le cœur serré, fut surpris par les gros titres :

RÉSULTATS DE LA LOTERIE

Un coup d'œil sur les gagnants du premier et du deuxième prix le rassura. Il poussa un soupir de satisfaction, disant avec gratitude : "Ah, quelle chance ! Dieu soit loué ! Je ne ferai plus jamais ça !"

Puis, se rappelant avec une vaine curiosité les cent quarante-trois prix médiocres de la liste, il revint à la lecture. Soudain, l'empreinte nagea devant ses yeux, et la grande esplanade sembla se dresser. Le numéro 77.707 avait remporté le quatrième prix de cent mille francs ; numéro 200 013, un prix de dix mille francs.

III

L'émotion qui envahit Napoléon à Waterloo en voyant ses escadrons triomphants descendre dans la route engloutie n'était pas du tout plus complète que le désespoir du comte de Bonzag lorsqu'il comprit que les cent dix mille francs que les lois de la probabilité avaient finalement produit était désormais la propriété de Francine, la cuisinière.

Cent dix mille francs ! C'était colossal ! Cinq générations de Bonzag n'avaient jamais touché à cela. Cent dix mille francs signifiaient la réhabilitation de l'ancien nom, la restauration du château de Keragouil , la moitié de l'année à Paris, au Cercle Royal, dans les régions de l'art et chez les grands esprits encore jeunes du Quartier, et tout cela appartenait à un gros paysan gascon, dont les idées de confort et de plaisir se satisfaisaient de cent vingt francs de rente.

"Qu'est ce que je vais faire?" s'écria-t-il en se levant dans un accès de colère. Puis il s'assit, désespéré. Il n'y avait rien à faire. Il était évident que Francine était une héritière, possédant la plus grande fortune de mémoire de Kéragouil . Il n'y avait rien à faire, ou plutôt il n'y avait visiblement qu'une voie ouverte, et le comte résolut sur-le-champ de la prendre. Il devait récupérer les billets de loterie, même s'il s'agissait d'une comtesse de Bonzag .

Heureusement pour lui, Francine ne savait rien de l'arrivée du journal. Même s'il fallait se hâter, il était encore temps pour un compatriote de d'Artagnan. Il y avait bien sûr Andoche, le Sapeur -Pompier ; mais un Bonzag qui avait eu trois mois d'expérience avec le cœur féminin de Paris n'était pas homme à s'inquiéter d'un Sapeur -Pompier. Ce soir-là, dans la salle à manger obscure, quand Francine arriva avec la soupe fumante, le comte, qui attendait une cuillère au poing et une serviette nouée au cou, se lança vaillamment dans l'affaire.

"Ah, quelle bonne odeur !" dit-il en levant le nez. "Francine, tu es la reine des cuisinières."

"Oh, monsieur le comte", balbutia Francine en s'arrêtant avec étonnement. "Oh, monsieur le comte, merci."

"Ne me remercie pas, c'est moi qui te suis reconnaissant."

"Oh, Monsieur !"

"Oui, oui, oui ! Francine—"

" Qu'y a-t-il, monsieur le comte ? "

"Ce soir, vous pouvez mettre une autre couverture... en face de moi."

« Définir une autre couverture ? »

"Exactement."

Francine, de plus en plus étonnée, commença à poser sur la table une assiette, un couteau et une fourchette.

" M'sieur le Curé vient ? " dit-elle en tirant une chaise.

"Non, Francine."

"Pas M'sieur le Curé ? Qui donc ?"

"C'est pour toi, Francine. Asseyez-vous."

"Moi ? Moi, monsieur le comte ?"

"Asseyez-vous. Je le souhaite."

Francine fit trois pas en arrière et, pour commander la sortie, s'arrêta et regarda son maître avec un mélange d'étonnement et de méfiance.

"Ma chère Francine, continua le comte, je suis fatigué de manger seul. C'est mauvais pour la digestion. Et je m'ennuie. J'ai besoin de société. Alors asseyez-vous."

« M'sieur l'ordonne ? »

"Je le demande comme une faveur, Francine."

Francine, les yeux ouverts, s'avança d'un air dubitatif, s'asseyant bien sur la chaise, plus étonnée que complimentée, et plus alarmée que contente.

"Ah, c'est plus sympa !" » dit le comte avec un signe de tête approbateur. "Comment ai-je supporté ça toutes ces années ! Francine, tu peux te servir du vin."

La servante à tout faire étonnée, qui avait avalé une cuillère de soupe avec beaucoup d'inconfort, se leva d'un bond, toute tremblante, en balbutiant avec une vertu de défi :

« M'sieur le comte n'oublie pas que je suis une honnête femme !

"Non, ma chère Francine, j'en suis certaine. Alors asseyez-vous en paix. Je vais vous raconter la situation."

Francine hésita puis, rassurée par le dévouement qu'il accordait à sa soupe, se rassit sur sa chaise.

— Francine, je suis décidé à une chose, dit le comte en remplissant son verre avec une telle énergie qu'un cercle rouge apparut sur la nappe. "Cette vie que je mène est tout à fait fausse. L'homme est un être sociable. Il a besoin de société. L'isolement le renvoie à la brute."

— Oh oui, monsieur le comte, dit Francine qui ne comprenait rien.

— Je suis donc résolu à me marier.

« M'sieur va se marier ! s'écria Francine, qui renversa la moitié de sa soupe sous le choc.

"Parfaitement. C'est pour cela que je vous ai demandé de me tenir compagnie."

« M'sieur ... vous... M'sieur veut m'épouser !

" Parbleu ! "

« M'sieur ... M'sieur veut m'épouser !

"Je te demande formellement d'être ma femme."

"JE?"

« M'sieur veut... veut que je sois comtesse de Bonzag ?

"Immédiatement."

"Oh!"

Se levant, Francine resta un moment à le regarder avec effroi ; puis, avec un cri, elle disparut lourdement par la porte.

— Elle est partie à Andoche, se dit le comte avec colère. "Elle l'aime!"

Très perturbé, il quitta la salle en se promenant sur l'esplanade, au milieu de ses chiens, parlant tout seul avec inquiétude.

" *Peste* , je lui ai dit un peu trop brusquement ! C'était une erreur. Si elle aime ce Sapeur -Pompier, hein ? Un Sapeur -Pompier, pour rivaliser avec un Comte de Bonzag , putain !"

Tout à coup, en bas, au clair de lune, il aperçut Andoche s'arracher à l'étreinte de Francine, et, pour ne pas être vu, il revint nerveusement dans la salle à manger.

Peu de temps après, la servante à tout faire revint, calme, mais avec des yeux révélateurs.

"Eh bien, Francine, est-ce que je t'ai fait peur ?" » dit gaiement le comte.

"Oh oui, monsieur le comte..."

"Eh bien, que veux-tu dire?"

— M'sieur était vraiment sérieux ?

"Jamais plus."

" M'sieur veut vraiment faire de moi la comtesse de Bonzag ? "

— *Dame !* je vous le dis, mes intentions sont honorables.

« M'sieur me laisse lui poser une question ?

"Une douzaine même."

" M'sieur se souvient que je suis veuve... "

"Avec un enfant, oui."

" Monsieur , pardonnez-moi ; j'ai beaucoup réfléchi et j'ai pensé à ma petite fille. Que voudrait que monsieur me fasse ? "

Le comte réfléchit et dit généreusement : « Je ne l'adopte pas ; mais, si vous voulez, elle habitera ici.

" Alors, M'sieur , dit Francine en se mettant à genoux, je remercie beaucoup M'sieur . M'sieur est trop gentil, trop bon... "

— Alors, c'est décidé, dit le comte en se levant joyeux.

"Oh, oui, M'sieur ."

— Alors nous partirons demain, dit le comte. "C'est ma manière, j'aime faire les choses instantanément. Levez-vous, je vous en prie, Madame."

"Demain, monsieur ?"

"Oui, Madame. Avez-vous des objections ?"

— Oh non, monsieur le comte, au contraire, dit Francine en rougissant de plaisir du « Madame » répété deux fois. Puis elle ajouta prudemment : « M'sieur a bien raison, ce serait mieux. On parle ainsi.

IV

Le retour des mariés fit la sensation de Kéragouil , car le comte de Bonzag , à la manière de ses ancêtres, avait placé derrière lui sa fiancée sur le large dos des Quatre Diables , qui procédèrent avec la même sérénité. Tout au long du trajet, les paysans, qui tenaient le comte dans une loyale terreur, saluaient le cortège avec un silence respectueux, se rassemblant sur la route pour regarder et bavarder seulement lorsque les aimables Quatre Diables avaient disparu au loin.

Dédaignant de remarquer le tumulte qu'il produisait, le comte se dirigea droit vers la cour, où Quatre Diables , reconnaissant le bloc de pied, baissa la tête et commença à tondre l'herbe. La nouvelle comtesse, fatiguée par la nouvelle position, commença avec reconnaissance à descendre par la voie la plus naturelle, c'est-à-dire en glissant facilement sur l'anatomie arrière du bon enfant Quatre Diables . Mais le comte, sentant le tumulte derrière lui, l'arrêta d'un mot, et, jetant sa jambe gauche sur le cou de son destrier, descendit gracieusement jusqu'au bloc, où, s'inclinant profondément, il dit d'un ton galant :

"Madame, permettez-moi de vous tendre la main."

La comtesse, avec les meilleures intentions du monde, eut beaucoup de peine à exécuter le mouvement par lequel son mari s'était dégagé. Heureusement, le comte la reçut sans céder, lui prit la main sous le bras et l'escorta cérémonieusement dans le château, tandis que Quatre Diables , libérés de ce fardeau insolite, se roulait à terre avec reconnaissance et se grassait le dos contre les pavés.

"Madame, ayez la gentillesse d'entrer chez vous."

Avec une élégance étudiée, le comte mit son chapeau sur sa poitrine, ou à peu près, et s'inclina en tenant la porte ouverte.

"Oh, monsieur le comte, après vous", dit Francine confuse.

" Passez, Madame, et entrez dans la salle à manger. Nous avons certaines cérémonies à observer. "

Francine avança consciencieusement, mais gardait un œil sur les mouvements de son épouse. Lorsqu'il entra dans la salle à manger et se dirigea vers le buffet, elle fit autant de pas dans la même direction. Quand, après avoir sorti une bouteille et des verres, il se retourna et vint vers elle, elle recula. Lorsqu'il s'arrêta, elle s'arrêta et s'assit avec exactement le même mouvement.

"Madame, je vous offre un verre du fameux Bourgogne Keragouil ", commença le comte en remplissant son verre. "C'est un vin que nous, les De Bonzag, avons toujours gardé pour accueillir nos femmes et saluer nos enfants. Madame, j'ai l'honneur de le boire à la Comtesse de Bonzag ."

— Oh, monsieur le comte, dit Francine qui, surveillant ses manières, vida le gobelet d'un seul coup.

« À la santé de mes ancêtres ! continua le comte en versant la bouteille dans les deux gobelets. "Et maintenant, jette ton verre par terre !"

"Oui, M'sieur ", dit Francine, qui obéit à regret, avec le nouvel instinct de ménagère.

"Maintenant, Madame, en tant qu'épouse et maîtresse de Keragouil , je pense qu'il est bon que vous compreniez votre position et ce que j'attends de vous", dit le comte en lui faisant signe de s'asseoir et en occupant un fauteuil de manière magistrale. "J'espère que vous apprendrez dans un esprit volontaire ce que je vais vous enseigner, afin que vous deveniez digne de la noble position que vous occupez."

"Oh, monsieur, je peux être sûr que je ferai de mon mieux", dit Francine tout bouleversée.

"J'attends de vous que vous me témoigniez la déférence et l'obéissance que j'exige en tant que chef de la maison Bonzag ."

"Oh, monsieur le comte, comment pouvez-vous penser..."

"Pour être économe et aimable."

"Oui, en effet, M'sieur ."

" D'écouter quand je parle, d'oublier que vous étiez paysan, de me donner trois desserts par semaine, et de ne jamais, madame, me montrer la moindre infidélité. "

A ces derniers mots, Francine, déjà bouleversée par le tourbillon rapide de la fortune, ainsi que par l'esprit survolté de la puissante Bourgogne, fondit en larmes.

"Et pas de larmes !" dit de Bonzag en se retirant sévèrement.

— Non, monsieur , non, s'écria Francine en s'essuyant précipitamment les yeux. Puis, se mettant à genoux, elle parvint à dire : « Oh, monsieur , pardon, pardon.

"Que veux-tu dire?" s'écria le comte furieux.

"Oh, monsieur, pardonnez-moi, je vais tout vous dire !"

— Madame... Madame, je ne comprends pas, dit le comte en se maîtrisant difficilement. "Continuez, j'écoute."

"Oh, monsieur le comte, je vais tout vous dire. Je le jure sur l'image de Saint-Jacques d'Acquin ."

"Tu ne m'as pas menti à propos de ton enfant ?" s'écria Bonzag avec horreur.

"Non, non, monsieur , pas ça", dit Francine. Puis, cachant son visage, elle dit : « M'sieur , je vous ai caché quelque chose : j'aimais Andoche.

"Ah!" dit le comte avec un soupir de soulagement. Il s'assit et ajouta avec sympathie : « Ma pauvre Francine, je le sais. Hélas ! c'est ça la vie.

"Oh, monsieur , c'est fini, je le jure !" Francine a pleuré en signe de protestation. " Mais je l'aimais bien, et il m'aimait... oh ! comme il m'aimait, monsieur le comte ! Pardon, monsieur , mais à cette époque, je ne pensais pas être comtesse, monsieur le comte. Et quand M'sieur m'a parlé, je ne savais que faire. Mon cœur était tout entier à Andoche, mais... enfin, M'sieur , la vérité, c'est que j'ai commencé à penser à ma petite fille, et je me suis mis à penser à ma petite fille. je me suis dit, il faut que je pense à elle, parce que, M'sieur , je pensais à la position que cela lui donnerait, si j'étais comtesse, pour quel pas dans le monde, hein ? elle ! Alors je suis allé chez Andoche, et je lui ai dit tout, oui tout, monsieur , que mon cœur était à lui, mais que mon devoir était envers elle. Et Andoche, ah, quel bon cœur, monsieur ! il a compris : nous avons pleuré ensemble. Elle s'étrangla un instant, porta précipitamment son mouchoir à ses yeux : " Pardon, Monsieur ; et il a dit que c'était bien, et je l'ai embrassé... je ne cache rien, Monsieur me pardonnera cela, " et il s'en alla ! " Elle fit un pas vers lui en tordant son mouchoir, ajoutant dans un timide appel : " M'sieur comprend pourquoi je lui dis ça ? M'sieur me croira. J'ai tué tout ça. Ce n'est plus dans mon cœur. Je jure-le par l'image de Saint-Jacques d'Acquin .

— Madame, je le savais déjà, dit le comte en se levant ; "Quoi qu'il en soit, je vous remercie."

"Oh, monsieur , j'ai tout rangé, je le jure !"

— Je vous crois, interrompit le comte, et maintenant, c'est fini ! Moi aussi, je vais être franc avec vous. Il se dirigea en souriant vers un coin où se trouvait la petite boîte, confectionnée en corde, qui contenait le trousseau de la comtesse de Bonzag . "Ouvre-le et donne-moi les billets de loterie que je t'ai donnés."

"Hanh ? Vous... M'sieur dit ?"

"Les billets de loterie..."

"Oh, M'sieur , mais ils ne sont pas là..."

"Alors où sont-ils ?"

"Oh, monsieur , attendez, je vais vous le dire ", dit simplement Francine.
"Quand Andoche est parti..."

"Quoi!" cria le comte comme un canon.

"Il était tellement brisé, Monsieur , j'avais tellement peur pour lui, alors juste
pour le consoler, Monsieur , pour lui donner quelque chose, je lui ai donné
les billets."

"Vous lui avez donné... les billets ! Les billets de loterie !"

"Juste pour le consoler... oui, monsieur ."

La forme élancée du comte de Bonzag vacilla, puis, comme si le corps avait
tout à coup abandonné ses vêtements, s'effondra en tas sur le sol.

LA FIN